n   15-2

Das Orgelwerk Messiaens

Sieglinde Ahrens
Hans-Dieter Möller
Almut Rößler

DAS
ORGELWERK
MESSIAENS

Gilles & Francke Verlag Duisburg

Inhaltsverzeichnis

Lebenslauf Messiaens

Olivier Messiaen wurde am 10. Dezember 1908 als Sohn des Shakespeare-Übersetzers Pierre Messiaen und der Dichterin Cécile Sauvage in Avignon geboren und wuchs in Grenoble auf. Elfjährig trat er ins Pariser Conservatoire ein und studierte Theorie bei Jean und Noël Gallon, Orgel bei Marcel Dupré und Komposition bei Paul Dukas. In weiteren, selbständigen Studien beschäftigte er sich eingehend mit indischer Rhythmik, griechischer Metrik, Gregorianik und exotischer Folklore. Sein Interesse für den Gesang der Vögel führte im Laufe der Zeit zu regelrechter Forschungsarbeit mit dem Ziel der musikalischen Notation aller Vogelgesänge Frankreichs.

1931 übernahm er das Organistenamt an der Pariser Trinité-Kirche, wo er heute noch tätig ist. Von 1936 an unterrichtete er an der Ecole Normale de Musique und an der Schola Cantorum. 1942 wurde er als Professor für Harmonielehre ans Pariser Conservatoire berufen. Seine Lehrtätigkeit fand ab 1947 einen angemessenen Rahmen in einer Klasse für Analyse, Ästhetik und Rhythmus. Seit 1966 ist er Professor für Komposition.

Hauptwerke

Le Banquet Céleste, für Orgel (1926)

Préludes für Klavier (1929)

Diptyque, für Orgel (1930)

Les Offrandes Oubliées, für Orchester (1930)
Hymne, für Orchester (1931)

Apparition de l'Eglise Eternelle, für Orgel (1932)

L'Ascension, für Orchester (1933)
            für Orgel (1934)

La Nativité du Seigneur, für Orgel (1935)

Poèmes pour Mi, für Singstimme und Orchester (1936)

Chants de Terre et de Ciel, für Singstimme und Klavier
    (1938)

Les Corps glorieux, für Orgel (1939)

Quatuor pour la Fin du Temps, für Violine, Klarinette,
    Violoncello und Klavier (1941)

Visions de l'Amen, für zwei Klaviere (1943)

Trois Petites Liturgies de le Présence Divine, für
    Frauenchor, Ondes Martenot, Klavier, Celesta,
    Vibraphon, Schlagzeug und Streichorchester (1944)

Vingt Regards sur l'Enfant Jésus, für Klavier (1944)
Harawi, Gesänge der Liebe und des Todes, für Singstimme
    und Klavier (1945)

Turangalîla-Symphonie, für Klavier, Ondes Martenot
    und großes Orchester (1946—48)

Cateyodjaya, für Klavier (1948)

Cinq Rechants, für 12stimmigen Chor (1949)

Quatre Etudes de Rhytme, für Klavier (1949)

Messe de la Pentecôte, für Orgel (1950)

Livre d'Orgue, für Orgel (1951)

Réveil des Oiseaux, für Klavier und Orchester (1951)

Oiseaux Exotiques, für Klavier, zwei Klarinetten,
    Blasinstrumente, Xylophon, Glockenspiel und
    Schlagzeug (1955)

Chronochromie, für großes Orchester (1960)

Verset pour la Fête de la Dédicace, für Orgel (1961)

Sept Haikai, japanische Skizzen, für Klavier, Xylophon,
    Marimba und kleines Orcherster (1962)

Couleurs de la Cité Céleste, für Klavier, Blasorchester
    und Schlagzeug (1963)

Et expecto resurrectionem mortuorum, für Holzbläser,
    Blechbläser und Schlagzeug (1964)

La Transfiguration de Notre Seigneur Jésus-Christ,
    für großes Orchester, gemischten Chor, 7 Instrumental-
    solisten: Klavier, Flöte, Klarinette, Violoncello,
    Xylorimba, Vibraphon, Marimba (1968)

Méditations sur le Mystère de la Sainte Trinité,
    für Orgel (1969)

La Fauvette des Jardins, für Klavier

Des Canyons aux Etoiles, für Klavier und großes
    Orchester (1971—74)

Hans-Dieter Möller
Die Orgelwerke Messiaens (1926—1939)

Die Orgel, die in der neueren Musikentwicklung nur eine untergeordnete Rolle gespielt hat, ist durch einen Komponisten wieder in den Blickpunkt des Interesses gerückt worden: Olivier Messiaen.

Leider sind Komponisten wie Debussy, Ravel, Bartok, Webern und Strawinsky an diesem Instrument ohne sonderliches Interesse vorübergegangen. Nicht einer von ihnen hat ihm auch nur eine einzige Komposition gewidmet. Es ist Messiaens besonderes Verdienst, der Orgel in der vordersten Reihe der musikalischen Entwicklung wieder einen entsprechenden Platz verschafft zu haben.

Einen großen Teil seines musikalischen Werkes hat Messiaen speziell diesem Instrument zugeeignet. Hier hat ein Komponist, der das Feld für ganz neue Entwicklungen vorbereitet hat, die Orgel zentral in sein Schaffen einbezogen.

Auch heute noch ist Messiaen der Orgel als amtierender Organist der Pariser Trinité-Kirche eng verbunden.

Bei näherer Betrachtung seiner Orgelwerke fällt zunächst auf, daß fast alle eine geistliche Thematik haben; die Überschriften und Untertitel — meist biblische oder liturgische Texte — weisen auf die Intention der Komposition hin. Fast alle Orgelwerke sind Zyklen, welche die großen kirchlichen Feste zum Thema haben — mit Ausnahme des „Livre d'Orgue".

Messiaens kompositorische Neuerungen, vor allem auf rhythmischem Gebiet, finden sich auch in seinen Orgelwerken: a-metrische Bildungen durch „Valeurs ajoutées" (hinzugefügte Werte), „Durées cromatiques" (immer um eine Zeiteinheit zu- oder abnehmende Werte) und „Valeurs irrationelles". Musikalische Verarbeitung von griechischen Versmaßen, Hindu-Rhythmen, gregorianischen Melodien, sowie die Überlagerung von kleinsten und größten Zeitwerten — um nur einige Verfahren zu nennen — schaffen ein vielfältiges rhythmisches Spektrum. Dieses wird erst auf dem Hintergrund von Messiaens Zeitphilosophie, seinem Bewußtsein einander überlagernder Zeiten, ganz verständlich.

Als unerschöpfliche melodische Inspirationsquelle dient ihm der Gesang der Vögel, dessen Studium er mit wissenschaftlicher Genauigkeit in vielen Ländern seit Jahrzehnten betreibt.

Messiaens stark ausgeprägter Sinn für Farben schlägt sich ganz allgemein in seiner Harmonik nieder, die zum großen Teil aus seinen frei erfundenen Modi resultiert.

Auf dem Gebiet der Orgelmusik äußert sich dieser Sinn für Farben zudem in ganz und gar ungewöhnlichen Registerkombinationen, die dem Instrument völlig neue Klangfarben entlocken: solistische Verwendung bestimmter Register, Kombinationen von sehr hohen und sehr tiefen Stimmen und Gebrauch von Obertonkombinationen ohne Grundtonregister.

Bediente sich Messiaen in seinen frühen Werken noch der Orgel des spätromantisch-symphonischen Typs, so werden seine Kompositionen der späteren Jahre immer unabhängiger von einer gewissen orgelbaulichen Stilistik. Die Registrierungen sind von Zyklus zu Zyklus unkonventioneller.

Wen die Einzelheiten der kompositorischen Technik Messiaens näher interessieren, der sei auf sein Buch „Die Technik meiner musikalischen Sprache" hingewiesen, das im Verlag A. Leduc in Paris erschienen ist.

Le Banquet Céleste — Das himmlische Gastmahl

Wer mein Fleisch ißt und mein Blut trinkt, der bleibt in mir und ich in ihm. (Joh. 6, 56)

Das erste Orgelstück Messiaens. Es entstand im Jahre 1926, als der Autor siebzehn Jahre alt war, und ist doch schon von ganz persönlicher musikalischer Prägung. Die Komposition beginnt mit einem für Messiaen ganz typischen Akkord, dem Dominantseptakkord mit sixte ajoutée (hier von Fis-Dur, Beispiel 1). Diesem Akkord werden wir im ersten Satz der „Himmelfahrt" wieder begegnen. Die Meditation über die Einsetzung des Abendmahls ist eine Musik von großer Subtilität. Unter den harmonisch sehr differenzierten Klängen des Manuals, die von Voix céleste, Bourdon und Gambe getragen werden, tupft das Pedal kurze Töne mit Flûte 4', Doublette 2' und Piccolo 1' hinein, die das Blut Christi symbolisieren.

Während die Pedalregistrierung immer gleich bleibt (bis auf die Schlußtöne), ändert sich durch Hinzuziehen und Abstoßen von leisen 16'- und 8'-Registern die Registrierung des Manuals kaum merklich, und es entsteht eine Art Klangfarbenmelodie.

Bei der Interpretation beachte man die äußerst genauen Artikulationsvorschriften für das Pedalstaccato: staccato bref, à la goutte d'eau (Wassertropfenstaccato), staccato un peu plus long, staccato long.

Man bediene sich möglichst der zweiten Edition des Stückes von 1960.

Diptyque — Diptychon

Essay über das irdische Leben und die ewige Glückseligkeit

Messiaen komponierte das Stück im Jahre 1930. Wenn wir es mit der ersten Komposition vergleichen, scheint sich in der musikalischen Sprache ein Rückschritt zu zeigen. Die Ursache für die fast neoklassizistisch wirkende Anlage des ersten Teiles liegt vielleicht darin, daß das Stück eine Huldigung an die Komponisten Marcel Dupré und Paul Dukas darstellt. Beide waren Lehrer des Komponisten, die noch aus der großen klassischen Tradition kamen, dann aber auch ganz eigene Wege gingen und die Verbindung zur jungen Musikergeneration Frankreichs herstellten.

Der erste Teil des Werkes schildert die Wirren und Mühen des irdischen Lebens, die Ruhelosigkeit der Menschen. Das Thema erscheint zunächst in der Oberstimme, dann in vergrößerter Form in der Mittelstimme (Beispiel 2). Eine erneute Durchführung folgt in der Oberstimme und bringt danach das Thema in der Vergrößerung als Kanon zwischen Sopran und Baß. In den Stilmitteln finden wir in diesem Teil noch Anklänge an die romantische Klavieretüde (Spieltechnik) und an Kompositionen C. Francks (Harmonik, kanonische Themenführung).

Im zweiten Teil begegnen wir dem Philosophen Messiaen, der meditiert, der die Ekstasen des Geistes kennt, der auf ein besseres Leben wartet, das sich in der Ewigkeit vollzieht. Das Thema erscheint in Dur (Beispiel 3), und eine unendlich lange und langsam gespielte Phrase beginnt: „l'éternité".

Messiaen hat diese Partie des Diptychons wörtlich in eine spätere Komposition übernommen. Es handelt sich um den letzten Satz des „Quatuor pour la Fin du Temps", das er während seiner Kriegsgefangenschaft in Schlesien komponierte. Dieser letzte Satz trägt dort den Titel „Lobpreisung der Unsterblichkeit Jesu" und wird von der Solovioline und dem Klavier gespielt. In der Orgelfassung wirkt das Stück transzendenter, geistiger, was durch eine gewisse Objektivität des Instrumentes bedingt sein mag (Registrierung: Voix céleste, Flûte harmonique).

Hinsichtlich der Interpretation dieses Satzes möchte ich den Text wiedergeben, den der Komponist für das „Quatuor" verfaßt hat. *„Hinfort soll keine Zeit mehr sein.* Diese bestürzenden Worte des Engels, über die sich die Exegeten streiten — da stehen sie, und in welch feierlichem Ernst! Als Musiker habe ich Rhythmik studiert. Der Rhythmus ist mit all seinen Unterteilungen, Wechseln, Veränderungen und Unregelmäßigkeiten ein Teil der Zeit. Und Zeit ist innig mit Raum verbunden. Wenn wir erst nicht mehr räumlicher Ausdehnung unterworfen sind, befreit sind von Vorher und Nachher, wenn wir erst in die ganz andere Dimension des Jenseits eintreten und ein wenig teilhaben an der Ewigkeit, dann werden wir die Worte des Engels in all ihrer Einfachheit begreifen, und dann wird wirklich *keine Zeit* mehr sein."

Apparition de l'Eglise Eternelle —
Die Erscheinung der ewigen Kirche

Die Komposition erschien im Jahre 1932 und zeugt von dem besonders originellen Orgelstil, den Messiaen entwickelt hat.

In einer ekstatischen Vision sieht der Komponist die ewige Kirche auf den Wolken des Himmels erscheinen, gleichsam als große Kathedrale. Langsam, einem vorüberziehenden Schiffe gleichend, entschwindet sie wieder. Wir erinnern uns an eine ähnliche Vision Debussys: „La Cathédrale engloutie". Der erste Takt bildet die Keimzelle für die gesamte Komposition. Aus dieser Zelle entwickelt sich in einem großen Crescendo der Ablauf des Stückes. Unaufhörlich hämmern die Bässe ihren synkopierten Rhythmus bis zum Schluß. Der Höhepunkt der Komposition liegt in der Mitte, wo sich alle dissonanten Akkorde in strahlendes

16

C-Dur auflösen und die „ewige Kirche" in ihrem vollen Glanz erstrahlt. Crescendo und Decrescendo des Stückes erfolgen in symmetrischer Form.

Dieses Werk sollte man nur in großen Räumen und auf großen Orgeln spielen, da es sonst seine Wirkung, die an Freskenmalerei erinnert, verliert.

L'Ascension — Die Himmelfahrt

Dieses Werk ist der erste große Orgelzyklus des Komponisten. Die einzelnen Sätze liegen in zwei Fassungen vor. Die erste Fassung entstand im Jahre 1933 für Orchester, die zweite Version ist für die Orgel gedacht und stammt aus dem Jahre 1934.

Der Zyklus umfaßt die folgenden vier Sätze:
I Majesté du Christ demandant sa gloire à son Père — Majestät Christi, der seinen Vater um Verherrlichung bittet
II Alléluias sereins d'une âme qui désire le ciel — Frohes Alleluja einer Seele, die sich nach dem Himmel sehnt
III Transports de joie d'une âme devant la gloire du Christ qui est la sienne — Freudenausbruch einer Seele vor der Herrlichkeit Christi, die ihre eigene ist
IV Prière du Christ montant vers son Père — Gebet Christi, zum Vater aufsteigend

Der erste Satz ist vom Komponisten wörtlich auf die Orgel übertragen worden. Die zweite Meditation erfuhr in der Orgelversion eine Umgestaltung, die dritte wurde ganz neu komponiert, die vierte ist wiederum identisch mit der Orchesterfassung.

I Majestät Christi, der seinen Vater um Verherrlichung bittet

Vater, die Stunde ist gekommen. Verherrliche deinen Sohn, damit dein Sohn dich verherrliche. (Hohepriesterliches Gebet Christi, Joh. 17, 1)

Wie schon erwähnt, handelt es sich bei diesem Satz um eine wörtliche Transkription der Orchesterfassung. In der ersten Version ist das Stück für Bläser konzipiert. Messiaen erreicht durch entsprechende Registriervorschriften einen ähnlich feierlichen Klang auf der Orgel. Die Komposition bekommt durch ihre eigenartige Harmonik (zu Beginn steht der schon im „Banquet céleste" zitierte Akkord) und das fortwährend wiederholte Thema einen statischen Charakter. Das Bild steinerner Christusfiguren an Kathedralen drängt sich auf. Die Tempobezeichnung „Très lent et majestueux" läßt hinsichtlich der Interpretation keine Zweifel übrig. Die Meditation schließt mit einem großen und langsamen Crescendo: die Verherrlichung Christi findet in der Himmelfahrt ihre Vollendung.

II Frohes Alleluja einer Seele, die sich nach dem Himmel sehnt

Wir bitten dich, o Gott, gib, daß auch wir selbst mit unserem Geiste im Himmel wohnen. (Kollektengebet der Himmelfahrtsmesse)

Diese Komposition besticht durch einen gewissen Exotismus. Die komplizierten Formeln des ersten Themas deuten auf den späteren Messiaen mit seinen indischen Rhythmen hin. Auch die Vogelgesänge werden hier schon angedeutet (Beispiel 4). Wirkte die Orchesterfassung mit ihren schimmernden Streichertexturen sehr sinnlich, so erfährt die Neufassung eine gewisse Vergeistigung durch das objektivere Instrument Orgel.

18

Seiner formalen Anlage nach bildet der Satz eine Reihe von Variationen. Im Schlußteil des Stückes erscheint das erste Thema im Pedal. Die beiden Hände umspielen es in langen Trillerketten und Carillonfiguren.
Die Meditation klingt in stiller Fröhlichkeit aus.

III Freudenausbrüche einer Seele vor der Herrlichkeit Christi, die ihre eigene ist.
Laßt uns dem Vater danksagen, der uns befähigt hat, am Erbe der Heiligen im Lichte teilzunehmen, ... der uns in Christus auferweckt und einen Platz im Himmel bereitet hat. (Kolosser 1, 12, Epheser 2, 6)
War die Orchesterfassung noch relativ konventionell und mit klassischen Formgebilden (Fugato) durchsetzt, so präsentiert sich die Orgelversion dagegen als spontanes und mitreißendes Stück.
Der Satz — sicher der am häufigsten gespielte aus dem Zyklus — hat die Form einer Toccata. Hier spielt der Komponist seine ganze Brillanz als Orgelvirtuose aus, ja, das Stück wird beinahe zu einem „Reißer".
Messiaen türmt Akkordblöcke und Spielfiguren zu einem frenetischen Jubelgesang übereinander. Die manchmal brutal angerissenen Staccato-Akkorde versetzen uns in rhythmischen Taumel. Virtuose Kadenzen von pianistischem Zuschnitt werden eingestreut, die Themen in Manual und Pedal überlagern sich, um nach einem brillanten Lauf, einem „Jubilus", der sich über den gesamten Umfang der Manuale erstreckt, in einen mächtigen Fis-Dur-Akkord zu münden.

IV Gebet Christi, zum Vater aufsteigend
Vater, ich habe deinen Namen den Menschen offenbart ... Ich bin nicht mehr in der Welt, sie aber sind in der Welt, und ich komme zu dir. (Hohepriesterliches Gebet Christi, Joh. 17, 6 und 11)

Das Stück ist von einer tiefen Feierlichkeit und wird von starker innerer Bewegung getragen. Es steht im „Modus 7" und entfaltet eine erdentrückte Atmosphäre: „Vater, ich bin nicht mehr in dieser Welt". Hatte der Komponist das Werk in der Orchesterfassung nur den Streichern — zum Teil mit Dämpfern — anvertraut, so „instrumentiert" er auf der Orgel mit Voix céleste, Gambe, Flûte harmonique, Farben von der tiefsten Klangmystik, die die symphonische Orgel bieten kann.

Der Schluß der Komposition bleibt offen: ein Septakkord ohne Auflösung.

La Nativité du Seigneur — Die Geburt des Herrn

Der im Jahre 1935 komponierte Zyklus umfaßt neun Meditionen:

   I La Vierge et l'Enfant — Die Jungfrau und das Kind
  II Les Bergers — Die Hirten
 III Desseins Eternels — Ewige Ratschlüsse
 IV Le Verbe — Das Wort
  V Les Enfants de Dieu — Die Kinder Gottes
 VI Les Anges — Die Engel
VII Jésus accepte la Souffrance — Jesus nimmt das Leiden auf sich
VIII Les Mages — Die Weisen
 IX Dieu parmi nous — Gott unter uns

Dieser Zyklus hat musikgeschichtlich eine besondere Bedeutung, da Messiaen in einem Vorwort zum erstenmal einen systematischen Überblick über seine musikalischen Materialien gibt und seine kompositorischen Verfahren erläutert.

Die wichtigsten Gedanken des Komponisten sollen hier mitgeteilt werden.

In theologischer Hinsicht ergeben sich folgende fünf
Hauptideen:

1. Unsere Vorherbestimmung, die durch die Fleischwerdung des Wortes realisiert wird. (Meditation III)
2. Gott, der unter uns lebt und unter uns leidet. (Meditationen IX und VII)
3. Die dreifache Geburt: a) die zeitliche Geburt Christi,
   b) die ewige Geburt des Wortes, c) die geistige Geburt
   der Christen. (Meditationen I, IV und V)
4. Die Darstellung einiger Gestalten, die dem Weihnachtsfest eine besondere Poesie verleihen: Engel, Hirten, Weise. (Meditationen VI, II und VIII)
5. Alle neun Stücke sind als Huldigung an die Mutter-
   schaft Mariens gedacht.

Was die „instrumentale" Seite des Zyklus betrifft, so hat
Messiaen die Orgel hier auf eine bisher unbekannte Weise
behandelt. Dem Instrument werden ganz neue und außerordentliche Farbwirkungen abgewonnen durch Gegenüber-
stellung extremer Registergruppen — Mixturen gegen
Voix céleste und Gambe — und durch alleinige Verwendung von Basson 16′, Flûte 4′ und Nazard. Das Pedal
übernimmt sehr oft die Melodiestimme und tritt viel weniger als Baßklavier in Erscheinung.

Die Kompositionstechnik, die der Komponist in den neun
Meditationen anwendet, ist äußerst differenziert. Messiaen
greift hier auf seine Modi mit begrenzter Transpositionsmöglichkeit zurück und auf die „hinzugefügten" rhythmischen Werte.

Die angeführten Gedanken stellen eine wesentliche Hilfe
für das Verständnis der Meditationen dar.

I Die Jungfrau und das Kind

Ein Kind ist uns geboren, ein Sohn ist uns geschenkt, empfangen von einer Jungfrau. Freue dich, Tochter Sion, denn dein König kommt zu dir, ein gerechter Herrscher. (Isaias 9, 5, Zacharias 9, 9)

Nach einer langsamen Einleitung, die mit Registermischungen wie Flûte 4', Nazard und Quintaton 16' vorgetragen wird und die uns in eine beschauliche Stimmung versetzt, beginnt die eigentliche Meditation.

Aus dem gregorianischen „Puer natus est", dem Introitus der dritten Weihnachtsmesse, gewinnt Messiaen seine Hauptmelodie durch Transformation (Beispiele 5 a und b). Diese Hauptmelodie wird immer wiederholt und von einer Akkordfolge umspielt, die nach je elf Achteln mit manchmal ganz geringfügigen Veränderungen wiederkehrt. Mit Flöte-, Terz- und Piccolomischung ertönt im Pedal ein Carillon, das ständig rhythmische Variationen erfährt. Auf das „Puer natus" folgt noch einmal der erste Teil des Stückes, aber verkürzt und in eine ausgedehnte Arabeske mündend.

II Die Hirten

Nachdem sie das Kind in der Krippe gesehen hatten, kehrten die Hirten zurück und priesen und lobten Gott. (Lukas 2, 20)

Hier begegnen wir dem ersten der drei Stücke, die Gestalten beschreiben, welche dem Weihnachtsfest seine „besondere Poesie" verleihen.

Messiaen knüpft an die große Tradition der Noëls an, die in Frankreich so beliebten Variationen über alte Weihnachtslieder, in der französischen Orgelliteratur reichlich vertreten durch Daquin, Dandrieu und Balbastre bis hin zu Dupré und Litaize.

22

Die langsame Einleitung schildert das vorsichtige Bestaunen des Kindes durch die Hirten und den übernatürlichen Glanz, der von der Krippe ausgeht. Eine kurze Kadenz leitet über zu der heiteren und zugleich einschmeichelnden Melodie, vorgetragen von den Blasinstrumenten der Hirten: Klarinette und Oboe (Beispiel 6). Man denkt unwillkürlich an die Worte des alten französischen Weihnachtsliedes: „Il est né le divin enfant, jouez hautbois, résonnez musettes".

Ihren besonderen Reiz erhält die Melodie durch den sogenannten „hinzugefügten Wert", eine Spezialität Messiaens. Nachdem das Noël zweimal in verschiedenen Klangfarben erklungen ist, wird es mit denselben Registermischungen in einer reizvollen rhythmischen Variante wiederholt.

Messiaen hat mit dieser Komposition ein kleines Genrebild gemalt, das die ganze Poesie des Weihnachtsfestes wiedergibt.

III Ewige Ratschlüsse

Gott hat uns aus Liebe, durch Jesus Christus, zu seinen Kindern vorherbestimmt, zum Preis der Herrlichkeit seiner Gnade. (Epheser 1, 5—6)

Ein kurzes Stück, von geheimnisvollem, weltentrücktem Klang. Messiaen wünscht, daß es „extrêmement lent et tendre" — außergewöhnlich langsam und zart — vorgetragen werde. Das „tendre" mag sich auf die große Liebe Gottes beziehen, der uns in seiner Güte zu seinen Kindern gemacht hat. Durch die Fleischwerdung des Wortes gelangen wir zu unserer eigentlichen Bestimmung.

Der mystische Charakter der Meditation wird durch die eigenartige Registrierung unterstrichen. Sie ist fast identisch mit der, die wir im letzten Satz der „Ascension" vorfanden.

IV Das Wort

Der Herr sprach zu mir: „Mein Sohn bist du. Ich habe dich gezeugt vor dem Morgenstern." Ich bin das Ebenbild der Güte Gottes. Ich bin das Wort des Lebens von Anbeginn. (Psalmen 2, 7; 109, 3; Weisheit 7, 26; 1. Joh. 1, 1)

Der Beginn des Stückes zeichnet die Größe und Furchtbarkeit der Worte aus Psalm 2 und 109 nach. Das bald darauf im Pedal auftauchende Thema, das fortissimo vorgetragen wird, hat viel Ähnlichkeit mit dem Pedalthema des letzten Satzes „Dieu parmi nous" (Beispiel 7).
Es mag die Herkunft, die Fleischwerdung des Wortes versinnbildlichen. Dabei hat es majestätischen Charakter, Bezug nehmend auf den Satz: „Mein Sohn bist du. Vor dem Morgenstern habe ich dich gezeugt". Nach einem rhythmisch außerordentlich bewegten Mittelteil erscheint dieses Thema noch einmal und mit großer Kraft.
Daran schließt sich eine lange Meditation in Form einer Sequenz. „Das Wort" breitet sich aus. Es spricht von der Güte Gottes, vom ewigen Leben. Diese Sequenz, die nach gregorianischem Vorbild jede Periode zweimal erscheinen läßt, in unmittelbarer oder alternierender Folge, wird vom Cornet des Positivs gespielt. Sie erinnert an die großen kolorierten Orgelchoräle Bachs („Nun komm, der Heiden Heiland", „Schmücke dich, o liebe Seele") oder, wie der Komponist selbst sagt, an die „Ràgas", melodische Skalenmodelle der indischen Musik, die der improvisatorischen Gestaltung dienen.
Nach gregorianischem Vorbild findet sich am Schluß der Sequenz ein bestätigendes „Amen".

V Die Kinder Gottes

Allen aber, die es aufnahmen, gab das Wort die Macht, Kinder Gottes zu werden. Gott sandte ihnen den Geist

seines Sohnes in ihre Herzen, der da ruft: „Abba, Vater!"
(Joh. 1, 12; Galater 4, 6)

Die sehr bewegte Meditation steht in der Form einer
Sonatendurchführung, die wir bei Messiaen noch des öfte-
ren antreffen werden. Auf einem langen Orgelpunkt entwickelt sich das Thema und steigt immer höher empor,
unterstützt von einem orchestralen Crescendo. Die Entwicklung gipfelt in einen großen Fortissimo-Ruf, der eine
Erweiterung und Vergrößerung des Themas darstellt:
„Abba, Vater!" Die geistige Geburt der Christen ist durch
die Geistsendung vollzogen.
Die vorausgegangene Erregung löst sich in einem langsamen Abgesang, in dem die Grundtonart, nämlich H-Dur,
bestätigt wird.

VI Die Engel
Die himmlischen Heerscharen lobten Gott und sprachen:
„Ehre sei Gott in der Höhe!" (Lukas 2, 13—14)

Wie die Gestalten der Hirten, so sind auch die Engel
untrennbar mit der Atmosphäre des Weihnachtsfestes verbunden. Die Komposition Messiaens ist durchaus illustra-
tiv angelegt. In einer Art paradiesischen Tanzes drückt
sich der Jubel körperloser Geister aus. Schwerelos bewegen
sich die Engel. Die auf- und absteigenden Tongirlanden
der Komposition erinnern uns an ein Choralvorspiel
Bachs: „Vom Himmel kam der Engel Schar".
Das brillante Stück verwendet das Pedal überhaupt nicht.
In hellem Mixturenklang werden die Melismen mit ihren
raffinierten Rhythmen vorgetragen. Nach einem kurzen,
überleitenden Lauf beginnt eine glänzende Toccata, an
deren Ende die Engel — in einem stetigen Drecrescendo
— gleichsam in die Wolken des Himmels entschwinden.

VII Jesus nimmt das Leiden auf sich

*Christus spricht bei seinem Eintritt in die Welt: „Schlacht-
und Speiseopfer willst du nicht. An Brand- und Sünd-
opfern hast du kein Wohlgefallen. Einen Leib aber hast
du mir geschaffen. Siehe, ich komme, um deinen Willen zu
erfüllen." (Hebräer 10, 5—7)*

Dem Jubel der Engel stellt Messiaen die Bitterkeit des
Leidens gegenüber. Es vollzieht sich ebenfalls in der
Geburt Christi.

Ein brutaler, dissonanter Akkordschlag konfrontiert uns
mit der Grausamkeit der Welt, in die Christus eingetreten
ist. Ihm wird sein Leiden aufgebürdet. Ein drohendes
Motiv ertönt im Pedal, von Basson 16′ alleine vorgetragen. Nach zwei leisen und schmerzerfüllten Zwischensät-
zen erklingen die dissonanten Akkorde und das drohende
Motiv immer wieder.

In einer kurzen, etwas pathetisch wirkenden Crescendo-
phrase ringt sich der Gottmensch zur Annahme seiner
Leiden durch. Nachdem noch einmal die dissonanten
Akkorde angeklungen sind, bringt eine kurze Coda die
Bestätigung der Überschrift: „Siehe, ich komme, um dei-
nen Willen zu erfüllen".

VIII Die Weisen

*Die Weisen machten sich auf den Weg, und der Stern zog
vor ihnen her. (Matthäus 2, 9)*

Hier begegnen wir einer Komposition Messiaens, die aus-
geprägt orientalischen Charakter hat. Mit fortlaufender
Gleichmäßigkeit werden die Akkorde der rechten Hand
gespielt. Im Pedal ertönt eine Art Cantus firmus, der mit
Ruhe und Sicherheit das ganze Stück durchzieht, den Stern
symbolisierend, der die Weisen zur Krippe führt.

26

Die Komposition ist völlig undynamisch in ihrer Gleich-
förmigkeit.
Sie vermag fast in jenen ruhigen Trancezustand zu versetzen, der in den Meditationen der Orientalen eine so
große Rolle spielt und gleichermaßen Ursprung und Ausdruck einer tiefen Weisheit ist.

IX Gott unter uns

*Worte des Kommunizierenden, der Jungfrau, der ganzen
Kirche: „Der, der mich geschaffen, ruht in mir. Das Wort
ist Fleisch geworden, und es wohnt in mir. Meine Seele
erhebt den Herrn, und mein Geist frohlockt in Gott, mei-
nem Heiland." (Joh. 1, 14; Lukas 1, 46—47)*
Schon die Überschrift zeigt an, daß die neunte Meditation
die Apotheose des ganzen Zyklus' bildet. Wir wollen uns
möglichst eng an die Analyse des Werkes halten, die der
Komponist selbst gegeben hat.
Das Stück steht in Sonatenform. Drei Themen werden zu
Beginn exponiert. Das erste symbolisiert das Herabsteigen
des Wortes und seine Fleischwerdung (siehe Meditation
Nr. IV) und das zweite die Liebe der ganzen Kirche zu
Christus, das dritte stellt das Magnificat der Jungfrau dar.
Es ist ein „Alleluja im Vogelstil" (Beispiele 8, 9 und 10).
Zunächst werden das erste und das dritte Thema entwik-
kelt und durchgeführt, danach in einer längeren Partie
das zweite Thema. Nachdem das erste Thema noch einmal
erschienen ist, und zwar über einem Orgelpunkt, setzt
„das Stück selbst" (so der Komponist) ein. Es handelt sich
um eine große, brillante Toccata, für die die vorhergehenden Teile nur Vorbereitung sind. Diese Toccata steht ganz
auf dem Boden des von Marcel Dupré geprägten Orgel-
stils. Unter den blitzenden Staccato-Akkorden der beiden
Hände ertönt im Pedal ein Element des ersten Themas.
Nach mehrmaliger Durchführung schließt das Stück „fröh-
lich und triumphierend".

Dieser Orgelzyklus erklang in seinem Entstehungsjahr zum erstenmal auf der Orgel der Trinité in Paris, vorgetragen von drei Freunden des Komponisten, die je drei Stücke interpretierten: Daniel Lesur, Jean Langlais und Jean-Jacques Grunenwald. Sie sind geschätzte und bedeutende Vertreter der französischen Orgelschule und haben sich auch in ihren Kompositionen mit dem Geiste Messiaens solidarisch erklärt.

Les Corps Glorieux — Die verklärten Leiber

Dieses Orgelwerk entstand kurz vor Beginn des Zweiten Weltkrieges und ist vielleicht der eigenwilligste der drei frühen Zyklen. Die Tonsprache wird herber. Das mag vor allem in der Thematik des Werkes begründet sein, welche eine wesentliche abstraktere als die der „Nativité" ist. Auch die Registrierungen werden eigenwilliger oder „theologischer".

Die Komposition umfaßt sieben Sätze:

I Subtilité des corps glorieux — Die Geistigkeit der verklärten Leiber

II Les eaux de la grâce — Die Wasser der Gnade

III L'ange aux parfums — Der Engel mit dem Räucherwerk

IV Combat de la mort et de la vie — Kampf zwischen Tod und Leben

V Force et agilité des corps glorieux — Kraft und Gewandtheit der verklärten Leiber

VI Joie et clarté des corps glorieux — Freude und Glanz der verklärten Leiber

VII Le mystère de la Sainte Trinité — Das Geheimnis der Heiligen Dreifaltigkeit

I Die Geistigkeit der verklärten Leiber
Gesät wird ein irdischer Leib, auferweckt ein geistiger
Leib. Und sie werden rein sein wie die Engel Gottes im
Himmel. (1. Korinther 15, 44)

Beim ersten Anhören des Stückes ist man überrascht: mehr
als fünf Minuten währende Einstimmigkeit auf der Orgel.
Messiaen hat eine große gregorianische Antiphon gewählt
und sie in seinem Stil ausgeschmückt. Das jeweilige Ende
einer Phrase wird als Echo mit dem Cornet des Positivs
wiederholt. Am Schluß des Stückes wird zur weiteren
dynamischen Differenzierung noch das Echo-Cornet des
Schwellwerks einbezogen, so daß hier ein zweifaches Echo
entsteht (Beispiel 11).
Wir verstehen die gewählte Einstimmigkeit sofort, wenn
wir den Untertitel des Stückes lesen: „Sie werden rein sein
wie die Engel Gottes im Himmel". Um diese „subtilité"
zu symbolisieren, bedient sich Messiaen der einfachsten
und zugleich reinsten musikalischen Form, nämlich der
einstimmigen Linie, aus der Gregorianik kommend, durch
keinerlei Harmonisierung getrübt oder verwischt.

II Die Wasser der Gnade
Das Lamm inmitten des Thrones wird die Auserwählten
zu den Wassern des Lebens führen. (Offenbarung Johan-
nes 7, 17)

In diesem Stück glaubt man die Wasser der Gnade unaufhörlich strömen zu hören. Im Pedal erklingt eine Art
Ostinato in der 4'-Lage, die linke Hand umspielt dieses
Ostinato als Kontrapunkt des Basses, die rechte Hand
übernimmt die harmonisierte Melodie. Durch die sehr
kühne Registrierung, wie Terz- und Quintmischung,
Oktavverdopplung durch 16' und übereinandergelagerte

verschiedene Modi, hat die Komposition einen merkwürdigen und kaum zu erfassenden Reiz.

Der Schluß ist kein echter Abschluß, sondern nur das Abbrechen einer Melodie, die so bis in die Unendlichkeit weitergeführt werden könnte.

III Der Engel mit dem Räucherwerk
Der Duft des Räucherwerkes stieg mit den Gebeten der Heiligen aus der Hand des Engels zu Gott empor. (Offenbarung Johannes 8, 4)

Wieder ein Stück, dessen erster Teil einstimmig mit einer Klarinetten- und Nazardmischung vorgetragen wird. Messiaen sagt selbst von dieser Linie, daß sich in ihr der melodische Reiz der Hindumusik mit dem des „hinzugefügten Wertes" verbindet (Beispiel 12).

Die beiden folgenden Teile werden ebenfalls in einer ganz extremen Klangfarbenmischung zu Gehör gebracht und bilden, was die Kompositionstechnik angeht, eine komplizierte Überlagerung mehrerer Modi und Rhythmen mit vielen kontrapunktischen Kunstgriffen.

Die am Anfang erklungene einstimmige Melodie taucht im zweiten Teils als Cantus firmus im Pedal auf. Der nun folgende Abschnitt („Presque très vif") erscheint uns wie das Aufsteigen des Räucherwerkes aus der Hand des Engels. Er wird unterbrochen durch den noch einmal veränderten komplizierten polyrhythmischen und polymodalen Teil.

Jetzt erscheint wiederum der Anfang der einstimmigen Antiphon, und mit wenigen Takten der Gruppe, die das Räucherwerk symbolisiert, klingt das Stück aus. Es mündet ins Leere.

Eine merkwürdige Komposition mit einer Fülle von Einfällen, die von der Einstimmigkeit bis zur kompliziertesten Kontrapunktik reichen.

IV Kampf zwischen Tod und Leben
Tod und Leben kämpften einen wunderlichen Kampf. Obgleich gestorben, siegt der Fürst des Lebens und herrscht. Er spricht: „Mein Vater, ich bin auferstanden, und ich bin bei dir." (Sequenz und Introitus vom Osterfest)

Hier haben wir das zentrale Stück des Zyklus vor uns, ein großes symphonisches Fresko in zwei Teilen, das in nahezu spektakulärer Weise den Kampf Christi mit dem Tode und seinen Sieg über die Unterwelt schildert.
Messiaen wählt für dieses Stück die Sonatenform, genauer, er nimmt aus der Sonatenhauptsatzform den zentralen Teil heraus: die Durchführung. Ein Teil des Hauptthemas (Beispiel 13) wird zu Beginn einstimmig vorgetragen, gefolgt von einer Fülle sich überstürzender Akkorde, die den Kampf schildern („Vif et agité").

Darauf erscheint das Thema im zweistimmigen Kanon, wieder folgt der Akkordtumult. Danach erklingt das Thema zum drittenmal, nun als dreistimmiger Kanon, dann einstimmig im Baß, wieder gefolgt von sich überstürzenden Akkorden, unter denen das Thema im Fortissimo vom Pedal vorgetragen wird. Nach einigen Trillerketten erklingt es einstimmig in Oktaven und mit aller Macht. Dann ertönt eine Reihe von dissonanten Fortissimo-Akkorden, ein langsames Diminuendo, welches das Ende des Kampfes anzeigt, und ein letzter kurzer Aufschrei.
Das Leben hat dennoch gesiegt: In einer sehr langen und langsam gespielten Phrase (Voix céleste, Flûte harm. etc.) hört man das Thema nun endlich vollständig und zusammenhängend in der Haupttonart Fis-Dur.
Nach einer ausgedehnten Meditation schließt das Stück ruhig und ausgeglichen.
„Tod und Leben kämpften einen wunderlichen Kampf..."

V Kraft und Gewandtheit der verklärten Leiber
*Gesät wird ein schwacher Leib, auferweckt ein kraftvoller
Leib. (1. Korinther 15, 43)*

Wiederum Einstimmigkeit, verdoppelt durch die untere
Oktave.
Kraftvoll bewegt sich die Linie, unterbrochen durch große
Sprünge und lange Martellato-Perioden auf einem Ton,
die die Kraft und Gewandtheit der verklärten Leiber
symbolisieren. Nur zum Schluß des Stückes erscheinen
einige Akkorde, und nach einem Decrescendo klingt die
Meditation mit einem lang angehaltenen Pianissimo-
Akkord aus.

VI Freude und Glanz der verklärten Leiber
*Alsdann werden die Gerechten leuchten wie die Sonne im
Reiche ihres Vaters. (Matthäus 13, 43)*

Das Stück beginnt mit drei immer wiederkehrenden
Akkorden und einem fanfarenartigen Thema, das von
Trompetenregistern vorgetragen wird (Beispiel 14).
Die ganze Komposition ist wie ein altes französisches
Rondeau angelegt. Refrains und Couplets wechseln in
regelmäßiger Folge. Die Couplets bringen Vokalisen, die
in der Wiederholung verändert und erweitert werden. Im
zweiten Refrain wird das Trompetenthema zu langen und
virtuosen Melismen ausgesponnen. Wiederum ein Couplet
und danach der leicht veränderte Refrain mit einer kurzen und brillanten Coda. Die Komposition spiegelt mit
ihren tanzenden und frohen Rhythmen den Untertitel:
„Alors les justes resplendiront..."

VII Das Geheimnis der heiligen Dreifaltigkeit
*Allmächtiger Vater. Mit deinem eingeborenen Sohne und
dem Heiligen Geiste bist du ein Gott. Nicht in der Ein-*

zigkeit einer Person, sondern in der Dreifaltigkeit einer Wesenheit. (Präfation vom Trinitatissonntag)

Wiederum wählt Messiaen eine gregorianische Form. Hatte er für den Beginn des Zyklus' eine große, nicht harmonisierte Antiphon geschrieben, so übernimmt er nun für die letzte Meditation ein gregorianisches Kyrie. Die Kyrierufe symbolisieren die Dreifaltigkeit. Dreimal Kyrie (Vater), dreimal Christe (Sohn), dreimal Kyrie (Heiliger Geist). Bei allen neun Rufen bleibt in der Gregorianik das „eleison" unverändert. Messiaen hält diese Form exakt bei. Eine zusätzliche Huldigung an die Dreifaltigkeit stellt die Trioform des Stückes dar. Die Registrierung ist eine „theologische": ganz hohe und extrem tiefe Register (Oktavin 2' und Bourdon 32') werden kaum hörbar im ppp gegeneinander gesetzt. Nur die Mittelstimme tritt deutlich als Melodieträger hervor: der Sohn, der in dieser Welt im Fleisch erschienen ist.

Wie in den gregorianischen Kyrierufen, so ist auch hier das letzte „eleison" etwas erweitert und findet in einer melodischen Kadenz seinen Abschluß.

Duisburg, September 1968

Sieglinde Ahrens

Die Orgelwerke Messiaens

Messe de la Pentecôte und Livre d'Orgue

1950—1951

„Messe de la Pentecôte" und „Livre d'Orgue"

Diese beiden Orgelzyklen Messiaens lassen gegenüber den früheren Werken eine deutliche Veränderung und Erweiterung der musikalischen Sprache erkennen.

Schon die „Messe de la Pentecôte" von 1950 weist in mehrfacher Hinsicht Neues auf. Atonale und dodekaphonische Elemente finden Eingang in die zuvor fast ausschließlich von den „Modi mit begrenzter Transpositionsmöglichkeit" geprägte Harmonik. Der Rhythmus gewinnt durch Verwendung von irrationalen Werten noch größere Subtilität und Mannigfaltigkeit, Anlehnungen an herkömmliche Form-Modelle — wie in manchen Sätzen der „Nativité" und der „Corps glorieux" — fehlen nun ganz, beherrschendes Kompositionsprinzip ist die Reihung von oft kürzesten Formeln und selbständigen, mehr oder weniger kontrastierenden Episoden. Ferner begegnen wir jenen „personnages rythmiques", „rhythmischen Individuen" (Gestalten, die progressive rhythmische Vergrößerungen oder Verkleinerungen erfahren), deren Urbild Messiaen bekanntlich in Strawinskys „Sacre du printemps" (vor allem in „Glorification de l'Elue" und „Danse sacrale") gefunden hat. Er selbst verwendet sie so methodisch und konsequent, daß ihre schrittweise Augmentation oder Diminution nach der Unterbrechung durch andere Satzteile genau dort wieder weitergeht, wo sie stehengeblieben war.

Im 1951 geschriebenen „Livre d'orgue" wird dann das Tonmaterial fast durchweg dodekaphonisch gehandhabt (ohne daß darum von nun an diese Technik vom Komponisten beibehalten oder bevorzugt würde). Die Registermischungen sind teilweise noch ungewöhnlicher, im ganzen auch härter und beinah abstrakt im Vergleich zu manchen schwelgerischen Klangfarben in den früheren Kompositionen. Die wichtigste Rolle spielt der Rhythmus, richtiger die umfassende rhythmische Planung: sie bestimmt Anlage und Verlauf der Stücke.

Der folgenden Erläuterung der beiden Werke liegen die Analysen zugrunde, die Messiaen selbst in seiner Klasse am Pariser Conservatoire gegeben hat. Ferner sind einige seiner schriftlichen Einführungen ganz oder teilweise zitiert.

Messe de la Pentecôte — Pfingstmesse

Das Werk umfaßt fünf Sätze, die auch zeitlich den betreffenden Teilen der Meßfeier ungefähr entsprechen.

I Entrée — Les Langues de Feu —
Introitus (Die feurigen Zungen)

Zungen von Feuer ließen sich auf einem jeden von ihnen nieder. (Apostelgeschichte)

Das musikalische Geschehen ist hier auf mehrere ständig wechselnde Ebenen verteilt, die sich antiphonisch gegenüberstehen und zu schillerndem Farbenspiel ergänzen. Ihr jeweiliges Klangmaterial bleibt weitgehend dasselbe, so daß sich das Hauptinteresse auf die rhythmische Ausarbeitung richtet.

Sie basiert auf griechischen Versfüßen, die häufig in irrationale Werte gefaßt sind, wodurch sich plötzliche Tempounterschiede und reizvolle rhythmische Unwägbarkeiten ergeben.

Die kontrastierenden Klangfarben der drei Manuale alternieren und überschneiden sich mit der führenden Melodiestimme im Pedal (Clairon 4'), die zwei aus nur wenigen Tönen gebildete Motive rhythmisch variiert (Beispiele 15 und 16). Nach einer kurzen Stretta, einer Häufung und

Verdichtung aller verwendeten Elemente, endet das Stück mit dem in langen Werten ausklingenden ersten Pedalmotiv.

II Offertoire (Les Choses Visibles et Invisibles) — Offertorium (Die sichtbaren und die unsichtbaren Dinge)

...Schöpfer des Himmels und der Erde, aller sichtbaren und unsichtbaren Dinge. (Nicänisches Glaubensbekenntnis)

„Die sichtbaren und die unsichtbaren Dinge! In diesen Worten liegt einfach alles! Die bekannten und die unbekannten Dimensionen: vom möglichen Durchmesser des Universums bis zu dem des Protons — die bekannten und die unbekannten Zeitdauern: vom Alter der Milchstraßen bis zu dem der Protonwelle — die geistige und die materielle Welt, die Gnade und die Sünde, die Engel und die Menschen — die Mächte des Lichtes und die Mächte der Finsternis — die Schwingungen der Atmosphäre, der liturgische Gesang, der Gesang der Vögel, die Melodie der Wassertropfen, das dunkle Grollen des furchtbaren ‚Tieres‘ der Apokalypse — alles, was klar und greifbar ist, und alles, was verborgen, geheimnisvoll, übernatürlich ist, alles, was über Wissenschaft und Vernunft hinausgeht, alles, was wir nicht enträtseln können und nie verstehen werden ...“ (Messiaen in seiner Einführung).
Dieser umfangreichste Satz der „Messe" verlangt eine eingehende Betrachtung. Er besteht aus 7 Teilen und einer Coda.
Teil A (Bien modéré), der eine harmonische Folge aus der 2. Szene von Alban Bergs „Wozzeck" zitiert, bringt „drei Hindu-Rhythmen: tritîya, caturthaka, nihçankalîla (siehe Beispiel 17), verwandelt in rhythmische Individuen:

das erste bleibt unverändert, das zweite wird vergrößert, das dritte verkleinert." Ein diesbezügliches Schema der ersten 7 Takte mag dies anschaulich machen:

```
7    4 4 2    14 14 10 10 6    7    13 13 9 9 5
5 5 5    6 6 4    etc.
```

(Werteinheit ist das Zweiunddreißigstel.)

Teil B (Modéré) ist ein leicht „exotisch" gefärbtes „monodisches Thema", klar gegliedert, geprägt von Messiaens bevorzugtem Intervall: dem absteigenden Tritonus (Beispiel 18).

Eine kurze atonale Überleitung führt zu Teil C (Presque vif): „Permutationen von 5 chromatischen Zeitwerten" (chromatisch hier im Sinne einer Stufung der Zeitwerte — sukzessive von 1 - 5 Sechzehntel), durchgeführt in dreifacher Überlagerung von Pedal, linker und rechter Hand, die sich durch drei verschiedene „Modi" voneinander abheben. Daß sich dabei alle (sechs!) Stimmen auf 16' Basis und in tiefer Lage bewegen, erleichtert nicht die Unterscheidung, verstärkt jedoch die poetische Assoziation mit den „Mächten der Finsternis" (siehe oben). Das gewollt dumpfe und düstere Klanggeflecht wird mehrmals unterbrochen durch die halb groteske, halb erschreckende Stimme des apokalyptischen „Tieres", die allein und schauerlich durch die Nacht tönt (Basson 16').

Teil B': Ein kontrastierender melodischer Kontrapunkt tritt zu dem unverändert wiederholten Thema B. Diese Gegenstimme bewegt sich in einem „melodischen Modus", der sich über 2 Oktaven erstreckt und alle zwölf Töne enthält. Klanglich fasziniert hier das beharrliche Umspielen einer magischen Mitte, zu der unter melodischen Umschreibungen und rhythmischen Akzentveränderungen immer wieder zurückgekehrt wird. Die Musik erhält dadurch etwas Wechselloses inmitten ständigen Wechsels.

Teil C': Mit derselben polymodalen Disposition wie in Teil C werden die „Permutationen von 5 chromatischen Zeitwerten" im Pedal und in der linken Hand wieder aufgenommen und weitergeführt, während die rechte Hand einen Kontrapunkt von Staccato-Akkorden in gleichmäßigen Sechzehnteln dagegensetzt. Die Bezeichnung „sombre" („düster") deutet wie zuvor auf eine Darstellung des Dämonischen und Bedrohlichen im Bereich der „unsichtbaren Dinge". Allmähliche dynamische Steigerung und „Entwicklung durch Elimination" treiben diesen Teil einer musikalischen Krisis zu: in den letzten Takten verengt sich die Bewegung der verschiedenen Stimmen zu einem immer kürzeren Konzentrat von Akkorden bzw. Intervallen, tritt sozusagen auf der Stelle und wird zu geängsteten, beschwörend wiederholten Rufen.

Nach diesem dunklen Höhepunkt versetzt uns der folgende Teil B 2 (Un peu lent) in eine andere, sanfte und naturnahe Sphäre und läßt durchscheinend zarte Farben aufleuchten. Das melodische Thema (B) erscheint hier in Vergrößerung und mit einer glockenhaften Anschlagswirkung (legato + „Wassertropfen-staccato"), eingebettet in modale Harmonien. Die Einschnitte zwischen den einzelnen Phasen sind mit Vogelrufen ausgeschmückt.

A': Fortsetzung des mathematischen Prozesses an den drei rhythmischen Individuen.
Daran schließt sich eine Coda aus motivischen Fragmenten der vorangegangenen Teile. Die gegensätzlichsten Klangfarben folgen brüsk aufeinander. Am Schluß steht ein seltsamer, im langsamen Diminuendo verklingender Akkord wie ein letztes Fragezeichen vor ungelösten Rätseln.

III Consécration (Le Don de Sagesse) —
Konsekration (Die Gabe der Weisheit)

Der Heilige Geist wird euch an alles erinnern, was ich euch gesagt habe. (Evangelium nach Johannes)

Zwei alternierende Refrains geben den Rahmen zu den verschiedenen Perioden eines einstimmigen Themas, das anfänglich — jedoch mit ganz anderen Intervallen — die rhythmischen und melodischen Konturen des 2. Alleluja der Messe vom Pingstsonntag nachzeichnet (siehe Beispiele 19 und 20).
Die beiden Refrains verwenden indische Rhythmen und „sons complexes", d. h. jeder Ton der führenden Melodiestimme (Clairon 4′ im Pedal) ist von einer eigenen Resonanz — dem gleichzeitigen Akkord im Manual — umgeben, und jede Resonanz hat ihre eigene Klangfarbe.
Die rituale Wiederholung dieser gedrängten, lakonisch nebeneinandergesetzten Formeln, deren irreale Farbigkeit an die bunte, glühende Pracht französischer Kathedralfenster denken läßt, im Wechsel mit dem beredten, unablässig „erinnernden" und einsprechenden Wehen des Geistes in den schweifenden Melismen schafft eine mystisch-kontemplative Atmosphäre.

IV Communion (Les Oiseaux et les Sources) —
Kommunion (Die Vögel und die Quellen)

Ihr Wasserquellen, preist den Herrn; ihr Vögel des Himmels, preist den Herrn! (Gesang der drei Jünglinge im Feuerofen)

Dieses Stück, lose und improvisatorisch aus vielen kleinen Motiven und harmonischen Floskeln gefügt, hat geradezu idyllischen Charakter. Kuckucks- und Nachtigallenrufe wechseln mit vielfarbig leuchtenden „Kirchenfenster-Akkorden".

Die vorangestellten zwei Verse, aus dem „Gesang der drei Jünglinge", der in der Liturgie als Danksagung nach der Kommunion rezitiert wird und den gesamten Kosmos zum Lobpreis aufruft, finden ihre Illustration vor allem in einem zart und transparent registrierten zweistimmigen Abschnitt (Modéré, librement): Wassertropfen, die „nicht alle in gleichmäßigen Abständen fallen", musizieren hier ihre Staccato-Melodie mit natürlicher Unregelmäßigkeit, und die Vögel streuen ihre von Pausen unterbrochenen Koloraturen mit natürlicher „Nonchalance" dazwischen (Beispiel 21).

Es folgt ein liedhafter Teil von naiver und inniger Melodik (Vif). Am Schluß der verträumten Coda (Très lent) werden zwei extreme Lagen (Piccolo 1′ und Bourdon 32′) über einen gehaltenen Akkord hinweg gegeneinandergesetzt: Höhe und Tiefe scheinen sich aus unendlicher Entfernung zu spiegeln und ruhen in geheimnisvoller Harmonie. Messiaen zitierte als seine eigene Assoziation zu diesem Ausklang die Worte „invisible dans le silence..." („unsichtbar in der Stille...") von Paul Eluard.

V Sortie (Le Vent de l'Esprit) —
  Ausgang (Der Sturmwind des Geistes)

Ein gewaltiges Brausen erfüllte das ganze Haus. (Apostelgeschichte)

Der ganze erste Teil ist eine unmittelbare klangmalerische Darstellung des pfingstlichen „Sturms": jäher Einbruch der Kraft von oben in die irdische Dimension, unwiderstehliche Gewalt des Geistes, der lebendig macht. Eines der melodischen Motive aus dem ersten Satz (Les langues de feu) taucht hier, in einen ungestümen „Windstoß" verwandelt, wieder auf und stellt die Beziehung zwischen den beiden Sätzen her, in denen es um dasselbe Geschehnis — die Geistsendung — geht (Beispiel 22).

Ein Fragment des melodischen Themas aus dem „Offertoire", ebenfalls zu einer schnellen Passage zusammengefaßt, leitet über zum Mittelteil „Choeur des alouettes" (Chor der Lerchen). Die jubilierende Lerchen-Vokalise — Symbol vollkommener Freiheit, das Alleluja der vom Heiligen Geist erneuerten Schöpfung — entfaltet sich auf dem Hintergrund einer rhythmischen Konstruktion, die zwei entgegengesetzte Aspekte der Zeit miteinander konfrontiert: einer ständig schneller werdenden Bewegung in chromatisch abnehmenden Werten (von 23 - 1) wird eine sich ständig verlangsamende Bewegung in chromatisch zunehmenden Werten (von 4 - 25) überlagert. Diese wenigen Seiten sind eines der überzeugendsten und mitreißendsten Beispiele für die Messiaen vorschwebende „Übertragung, Verwandlung und Interpretation der Gesänge unserer kleinen Boten der immateriellen Freude".

Nach einem kurzen, feierlich-„hieratischen" Intermezzo in dichten Resonanzakkorden erklingt noch einmal das einprägsame Motiv des melodischen Themas aus dem „Offertoire" fortissimo im Pedal, in Ostinatofiguren begleitet von einem anderen Fragment desselben Themas. Eine Art Kadenz im rhapsodischen Stil beschließt das Stück.

Livre d'Orgue — Orgelbuch

Schon immer hat Messiaen in seinen Kompositionen neben dem Datum auch den Ort ihrer Entstehung vermerkt. Hier nun gibt er als Einführung zu mehreren Stücken eine eingehende Schilderung der Gegend, wo sie „geschrieben" wurden, d. h. in seiner Vorstellung Gestalt annahmen. Die Natur als Vorbild, ihr Reichtum an Farben und Tönen, Formen und Rhythmen als jene „unerschöpfliche Inspirationsquelle", zu der sich Messiaen einmal in einem öffentlichen Vortrag enthusiastisch bekannt hat — auf der anderen Seite komplizierteste rhythmische Konstruktion bis hin zum Experimentellen: das sind die beiden gegensätzlichen Aspekte des „Livre d'orgue", charakteristisch auch für viele andere Werke und für die Musikerpersönlichkeit Messiaens überhaupt.

I Reprises par Interversion —
   Reprisen durch Intervention

Von den sieben Stücken ist dies das „abstrakteste". Wie in gewissen Werken Weberns liegt die Struktur, das „Gerüst", ohne jegliche Ausschmückung in aller Kahlheit zutage und wirkt allein durch Logik und Konzentration. Das konsequent einstimmige Stück arbeitet nach serieller Manier mit weit auseinanderliegenden Einzeltönen und großen Intervallsprüngen. Ausgangspunkt sind drei Hindu-Rhythmen, als „rhythmische Individuen" behandelt: „pratâpaçekhara" („geistige Kraft") wird bei jeder Wiederholung um 1 Zweiunddreißigstel vergrößert; „gajajhampa" („Sprung des Elefanten") — hier nicht in der Orignalgestalt (siehe Beispiel), sondern sogleich vergrößert auftretend — wird bei jeder Wiederholung um 1 Zweiunddreißigstel verkleinert; „sârasa" („Storch") bleibt unverändert (Beispiel 23).

Jeder dieser Rhythmen ist mit einer ihn kennzeichnenden Klangfarbe verbunden. Die Registrierung für „pratâpaçekhara" ist scharf und klar (16', Oboe, Cymbel), die für „gajajhampa" — zwischen Pedal und Positiv aufgeteilt — besteht in zwei Klangfarben, einer massiven (Bombarde 16' allein) und einer sehr hellen (4', 2 2/3', 1 3/5', 1'), die für „sârasa" ist gedämpft und neutral (16', 8', 4'). In jeder vollständigen Reihenfolge stellen die drei Rhythmen zudem einen Zwölftonkomplex dar.

Wie der Titel sagt, sind das Wesentliche des vierteiligen Stückes die verschiedenartigen „Reprisen". In den Teilen 2, 3 und 4 läuft die Musik des 1. Teils jedesmal in einer anderen Richtung ab: bei der 1. Reprise von der Peripherie zur Mitte (wie ein sich schließender Fächer), bei der 2. Reprise von der Mitte zur Peripherie (wie ein sich öffnender Fächer), bei der 3. Reprise im Krebs. Auf diese Weise entstehen kaleidoskopisch wechselnde Neuordnungen der rhythmischen Einzelwerte, Töne und Klangfarben. Die Rhythmen selbst sind sozusagen „atomisiert".

II Pièce en Trio — Trio

Jetzt sehen wir wie durch einen Spiegel, rätselhaft...
(St. Paulus, 1. Brief an die Korinther, XIII, 12)
(Für den Sonntag Trinitatis)

Auch dieses Stück ist auf Hindu-Rhythmen aufgebaut, die variiert, „umgeprägt" (d. h. in andere Werte aufgelöst) und als irrationale Werte behandelt werden.

Die schwebende, dem „rationalen" Erfassen sich entziehende Rhythmik und das quasi irreale, transparente Klangbild (Registrierungen ohne Äquallage: 16' und 4' in der rechten Hand, 16' und Cymbel im Pedal) stehen in deutlicher Beziehung zu der Aussage des Pauluswortes.

III Les Mains de l'Abîme — Die Hände des Abgrunds

*Der Abgrund hat seinen Schrei ausgestoßen, die Tiefe hat
beide Hände erhoben. (Prophet Habakuk, III, 10)*
(Für die Bußzeiten)

„Dieses Stück entstand im Hochgebirge, im Anblick des
erschreckenden Engpasses der Schluchten des Infernet, der
Windungen des Wildbachs der Romanche, der schwindeln-
den Klüfte und Hänge — im Entsetzen des Abgrunds.
Der Abgrund ist Sinnbild für den Schrei der menschlichen
Not zu Gott.
‚Eine Tiefe ruft die andere' (Ps. 42). Der Abgrund des
menschlichen Elends ruft nach dem Abgrund der göttlichen
Barmherzigkeit" (Messiaen in seiner Einführung).
Die Rahmenteile stellen mit langgehaltenen Fortissimo-
Akkorden jenen durchdringenden „Schrei" dar. Wieder
bilden drei Hindu-Rhythmen die Basis für rhythmische
Verschiebungen: „manthikâ 1" (der stärkste und längste
Akzent) bleibt sich bei jedem Erscheinen gleich, „man-
thikâ 2" und „mallatâla" vergrößern sich von Mal zu
Mal.
Der Mittelteil ist ein Klanggemälde der Tiefe: in der Baß-
region stimmt die Vox humana einen langsamen Klage-
gesang an, darüber schwebt die Melodie nur in Obertönen
(1 3/5' und 1'). In der folgenden längeren Variation, die
das flehende Thema der „Tiefe", noch verdunkelt durch
Bourdon 32', ins Pedal verlegt, tritt eine Mittelstimme
hinzu, die sich in sanften melodischen Girlanden zwischen
den beiden Extremlagen bewegt und deren schroffen Gegensatz mildert.

IV Chants d'Oiseaux — Vogelgesänge
(Für die Osterzeit)
„Das Stück wurde im Wald von St. Germain en Laye ge-

schrieben. Es eignet sich für die Osterzeit, die mit dem Frühling und der Wiederkehr der Singvögel zusammentrifft.

Nachmittag der Vögel: man hört die phantasievollen Strophen der Amsel, die sanfte Virtuosität des Rotkehlchens und die kräftigen und klaren, wie eine Beschwörungsformel wiederholten Rufe der Singdrossel. Bei Anbruch der Nacht ertönt ein Solo der Nachtigall, geheimnisvoll und zärtlich . . ." (Einführung des Komponisten).

Ein kurzes Ritornell, auf dem Hindu-Rhythmus „miçra varna" (siehe Beispiel 24) basierend, lieblich und intim im Klang, leitet das Stück ein.

Es kehrt noch dreimal wieder, zunächst rückläufig, dann von der Peripherie zur Mitte und umgekehrt, wie ein sich schließender und sich öffnender Fächer.

Bei allem Vergnügen an den glänzend portraitierten verschiedenen „Charakteren" dieses Vogelkonzerts (siehe Beispiele 25 und 26) vermißt man hier vielleicht ein wenig das musikalische Gegengewicht, einen klanglichen Hintergrund und rhythmischen Kontrapunkt (wie im „Choeur des alouettes" oder in „Soixantequatre durées"). Andererseits ist das Aneinanderreihen von einzelnen, prägnant formulierten und in sich abgeschlossenen musikalischen Komplexen eine so häufig anzutreffende kompositorische Eigenart Messiaens, daß man ihn gerade an diesem Stück ohne weiteres „erkennen" könnte.

V Pièce en Trio — Trio

Von Ihm, durch Ihn und für Ihn sind alle Dinge. (St. Paulus, Brief an die Römer, XI, 36)

„Das Stück entstand bei ‚la Grave' in Oisans (Hochalpen), vor den Gletschern des Râteau, der Meije und des Tabuchet. Dies erklärt seinen zugleich herben und sehnsuchtsvollen Charakter, den schwermütigen und stolzen Gang der Hauptmelodie, die der Geometrie der Felsen und Gipfel folgende rhythmische Ausarbeitung, die harte Klarheit der Registrierung, beeinflußt von der Vision: Sonne und Schnee" (Einführung des Komponisten).

Die rechte Hand variiert drei Hindu-Rhythmen als rhythmische Individuen: „rangapradîpaka" (wird bei jeder Wiederholung um 1 Zweiunddreißigstel verkleinert), „caccarî" (wird bei jeder Wiederholung um 1 Zweiunddreißigstel vergrößert), „sama" (bleibt unverändert). Die linke Hand variiert drei weitere Hindu-Rhythmen: „laya" (wird bei jeder Wiederholung um 7 Zweiunddreißigstel vergrößert), „bhagna" (bleibt unverändert), „niçça̧nca" wird bei jeder Wiederholung um 1 Zweiunddreißigstel verkleinert). Die Vergrößerungen oder Verkleinerungen beziehen sich stets auf jeden einzelnen Wert des rhythmischen Individuums. — Die Pedalstimme (4′ + Mixtur) ist die Hauptmelodie.

Messiaen empfindet bei seinen rhythmischen Prozeduren die Schwäche und Begrenztheit des menschlichen Wahrnehmungsvermögens als Ärgernis, muß aber immer wieder Zugeständnisse machen. So wird die hier durchgeführte Überlagerung höchst differenzierter Rhythmen mittels unzähliger „Synkopen" — die nicht als solche aufzufassen sind — in einem normalen 2/4 Takt notiert.

Während die beiden Manualstimmen zwölftönig gearbeitet sind, bewegt sich der Pedalpart in freier Chromatik und zeichnet in seinem Verlauf steile und kantige, weit ausgreifende melodische Linien (Beispiel 27). Der Beginn — eine Art Kernmotiv, das mit seiner wörtlichen Wiederkehr in der Mitte des Stückes die Pedalstimme in zwei Teile von annähernd gleicher Länge gliedert und in vielfältiger Abwandlung und Erweiterung ihren gesamten Duktus prägt — weist das für viele Melodien Messiaens typische obstinate Kreisen innerhalb eines Segments von

Tönen auf (Beispiel 28). Die Länge des Stückes — bei immer gleichbleibender Registrierung — stellt nicht geringe Anforderungen an den Zuhörer. In den expressiven Verflechtungen bizarrer Linien und Rhythmen liegt jedoch eine strenge Schönheit, welche auch über die allzu verwickelt scheinende Konzeption triumphiert und sie damit rechtfertigt.

VI Les Yeux dans les Roues —
   Die Augen in den Rädern

Und die Felgen der vier Räder waren voller Augen um und um. Denn der Geist des lebenden Wesens war in den Rädern. (Buch des Propheten Ezechiel — I, 18, 20)
(Für den Pfingstsonntag)

Der kühne „Surrealismus" dieses Bibeltextes hat die Phantasie des Komponisten angeregt. Ein wirbelndes Fortissimo soll alle Einzelheiten der Vision Ezechiels darstellen: „Sturmwind, Rauschen der großen Wasser..., die wie der Blitz nach allen Richtungen laufenden vier Tiere... und all die schauenden Augen, die sich mit den Rädern drehen!"
Die Zwölftonabläufe der beiden Manualstimmen — je sechs verschiedene Anordnungen, die sich dann wiederholen — sind als wilde Toccata in ununterbrochener Sechzehntelbewegung gestaltet, während das Pedal in den sechs Permutationen seiner Reihe zwölf „sons-durées" verwendet, d. h. jeder Ton erscheint stets mit derselben ihm eigenen Zeitdauer (am Schluß ist der Wert des letzten Tons vervierfacht). Gegenüber dem gewollt chaotischen Klangbild der beiden anderen Stimmen symbolisiert diese klare Ordnung den „Geist des lebenden Wesens, der in den Rädern war".

VII Soixante Quatre Durées — Vierundsechzig Zeitwerte

Hinter diesem trockenen Titel verbirgt sich ein Stück von seltsam versponnener Klangpoesie; eine musikalische Landschaft, in der sich vor dem verhaltenen, sanft wechselnden Klanghintergrund, den die 64 verschiedenen Zeitwerte geben, fortwährend kleine, spontane „Klangereignisse" abspielen: die — laut Messiaen — teils „stilisierten", teils „echten" Vogelgesänge, welche die Werte ausfüllen, beleben, nach Messiaens amüsantem und plastischem Wort „bevölkern". Sie reichen in bunter Vielfalt von den melodischen Girlanden, Rufmotiven und Koloraturen der Amsel, der Kohlmeise, Singdrossel, Grasmücke und Nachtigall bis zum monotonen Klopfen des Spechts. Rhythmisch ganz frei, oft in irrationalen Werten abgefaßt, sind sie mit den 64 Zeitdauern durch das Prinzip der Zwölftönigkeit musikalisch verbunden.

Der „Plan" des Stückes: „Vierundsechzig chromatische Zeitwerte — angefangen von 1 Zweiunddreißigstel bis zur Longa (= 64 Zweiunddreißigstel) — sind in Vierergruppen durchgeführt: die einen mit zunehmenden Zahlen und vom Ende der aufgestellten Werte-Skala genommen, die anderen mit abnehmenden Zahlen und vom Anfang dieser Skala genommen — und dies abwechselnd, in stetiger Annäherung an die Mitte. Die Werte sind durch gehaltene Akkorde im Manual ausgedrückt. Das Doppelpedal (Flöte 4′) bringt dieselbe Reihenfolge der Werte im Krebs, bildet also einen rhythmischen Krebskanon mit dem Manual."

Der Eindruck nun, den diese exakt entworfene Überlagerung unterschiedlichster Zeitwerte vermittelt, ist paradoxerweise eher der einer träumerischen Zeitlosigkeit; der Übergang von einem der oft überlangen Werte zum anderen vollzieht sich zumindest für den Zuhörer ganz unberechenbar, mit einer Art gelassener Willkür. Im unbestimmten Verweilen und schwerelosen Sichablösen der Klänge scheinen sich Zeit und Raum zu weiten.

Der rigorose Plan wird übrigens insofern nicht restlos eingehalten, als einige der längsten Zeitdauern im Manual in kleinere Werte — sogar in schnelle Läufe — aufgelöst werden. Dasselbe geschieht einmal auch im Pedal, zugleich mehren sich an dieser Stelle die Vogelgesänge und erreichen ihre größte Lebhaftigkeit, um sich danach nur noch vereinzelt hören zu lassen und sich schließlich ganz zu verlieren.

Mit einem irisierenden neunstimmigen Pianissimo-Akkord endet das Stück, lyrisches Finale dieses „Orgelbuchs", das mit seinen historischen Vorbildern in der französischen Orgelliteratur nur mehr den Namen gemeinsam hat und eines der ungewöhnlichsten und eigenwilligsten Orgelwerke aus jüngster Zeit sein dürfte.

Essen, im September 1968

50

Almut Rößler

Verset pour la Fête de la Dédicace —
Versette zum Kirchweihfest

Dieses kleine Werk wurde für einen Orgelwettbewerb im Pariser Konservatorium 1961 komponiert. Es unterbricht die lange Pause zwischen den beiden gewaltigen Kompositionen „Livre d'Orgue" (1951) und „Méditations sur le Mystère de la Sainte Trinité" (1969). Zur Zeit seines Erscheinens gab es genug Erstaunen darüber, elf Jahre nach den rigorosen musikalischen Gratwanderungen des Orgelbuchs soviel Liebenswürdigkeit und klanglichen Wohllaut anzutreffen. Die stilistische Progression innerhalb Messiaens bisherigem Orgelwerk zeigte sich unterbrochen. Messiaen machte hier Ernst damit, daß er wirklich von Prinzipien und Bindungen an Kompositionstechniken, auch selbst gefundene, frei ist. Immerhin tauchen in diesem Stück, erstmalig auf der Orgel, lange zweistimmige Vogelkadenzen auf, Singdrosselgesänge, und zwar in der Registrierung 4′, 1 3/5′ und 1′, in der 16′-, 8′- und 4′-Lage (d. h. man spielt die ganzen Passagen eine Oktave tiefer und hat damit die Suboctavkoppel, wohingegen man die Superoctavkoppel etwa durch eine über den 1′ hinausgehende Zimbel ersetzen könnte). Im Zusammenhang mit dem Thema Registrierung und Klangimitation der Vogelgesänge sei folgende Passage aus einem öffentlichen Rundgespräch mit Olivier Messiaen 1968 in Düsseldorf mitgeteilt: [1]
„Die Art, in der ich Vogelgesänge notiere, ist sehr einfach: nämlich mit Papier und Bleistift. Manchmal begleitet meine Frau mich mit einem Magnetophongerät ... das ist sehr nützlich, weil man damit dieselbe Sache mehrmals

---

[1] Gesprächsprotokoll vom 8. 12. 1968, unveröffentlicht.

hören kann... Vogelgesänge aufzeichnen bringt große Opfer und Schwierigkeiten mit sich. Zunächst: man muß kennen, was man hört... Es gibt zwei Anfangsschwierigkeiten: das Wiedererkennen des Sängers und das Bestimmen der Rasse, zu der er gehört, sodann die Schwierigkeit des Musikdiktats, weil der Vogel sehr schnell und sehr hoch singt, und während man eine Strophe notiert, ist er schon bei der zweiten oder dritten... Wenn die Vogelgesänge notiert sind, beginnt erst die eigentliche Arbeit, d. h. man muß sie zum Teil eines Werkes machen, eines Klavier-, Orchesterwerkes. Zunächst muß man sich einer großen Anzahl von Dokumenten bedienen können, um einen idealen Vogel zu erhalten, zum Beispiel die Singdrossel... Sie hat einen besonderen Stil, der durch eine dreifache Wiederholung, in magischer Weise, gekennzeichnet ist; sie singt ihre Strophe dreimal hintereinander, und jedesmal unterscheidet sich die eine von der anderen im rhythmischen Charakter und in der Klangfarbe... Eine solche Folge von Strophen hört man nur einmal, morgen sind es andere... Man muß also eine ideale Singdrossel zusammenstellen, nachdem man hunderte gehört hat, und alle ihre Möglichkeiten der Strophenbildung kennen... Nach der Schwierigkeit der melodischen und rhythmischen Notation, die ich so exakt wie möglich versuche, gibt es eine andere: die Wiedergabe der Klangfarben. Diese Klangfarben („timbres") sind derart außergewöhnlich, daß kein Musikinstrument sie wiedergeben kann. Man braucht also Zusammenstellungen von Musikinstrumenten und noch viel mehr Kombinationen oder Komplexe von Tönen. Wenn ich etwa den Gesang einer Grasmücke, einer Singdrossel, einer Nachtigall auf dem Klavier wiedergeben will, muß ich für jede (Melodie-)Note Komplexe von Tönen erfinden. Jede Note wird mit einem erfunden Akkord versehen, der dazu bestimmt ist, die Farbe wiederzugeben... Im Orchester wird nicht nur jede Note mit einem Akkord versehen . . . , sondern auch der Wechsel von einem Instrument zum andern dient der Wiedergabe der Klangfarben . . . Zum Beispiel in meinem Orchester- und Klavierstück „Réveil des Oiseaux" wird jedesmal der Pirol von Cello und Hörnern gespielt, zusammen, im Einklang, aber um sie herum Tonkomplexe von dauernd wechselnder Klangfarbe, gespielt von Solo-Hörnern, die man nicht hört, aber die hinzutreten, um die Klangfarbe zu verändern . . ."

Auf der Orgel wird dieser sensible Vorgang etwas systematisiert, indem die obertonhaltige Registrierung beibehalten wird. Dadurch, daß die beiden Manualstimmen zwar rhythmisch parallel, aber in immer anderen Intervallabständen geführt werden, ergeben sich immer neue Schwingungskombinationen und -differenzen.

Das Stück ist zweiteilig geschrieben, mit einem zusätzlichen freien Mittelteil („La Supplication") und einer Coda.

Der A-Teil bedient sich zunächst des modal umgeformten Hallelujahs zum Kirchweihfest, einer gregorianischen Melodie, die, zunächst einstimmig vorgetragen, von modalen Akkorden begleitet wird. (Die melodische Urform findet man in der Nr. 2 der „Méditations sur le Mystère de la Sainte Trinité" wieder (Beispiel 29). Ein akkordisches Zwischenstückchen („comme une consolation") leitet zum ersten großen Singdrossel-Solo über. Die Wiederholung des A-Teiles führt zu einem kurzen akkordischen Durchführungsteil, dessen intensiver Bittcharakter durch den allmählich zum fortissimo gesteigerten großen Orgelklang unterstrichen wird. Mit diesem Mittelteil wird der sonst beibehaltene kammermusikalische Charakter des Stückes ausgeweitet. Die Coda zitiert ein letztes Mal das Hallelujah und schließt pianissimo mit einer sehr langsamen, sehr leisen, „ekstatischen" Akkordphrase.

Méditations sur le Mystère de la Sainte Trinité — Meditationen über das Geheimnis der Heiligen Dreifaltigkeit

Diese Werkbesprechung bezieht sich auf die eigenen Erklärungen des Komponisten zu seinem Werk, indem sie diese nicht in veränderter Form wiederholen, sondern möglichst ergänzen will, und zwar von der objektiven Formbetrachtung, von der subjektiven Reaktion auf das Werk und von interpretatorischen Aspekten für den Spieler her.

A Allgemeine Einführung in das Werk

Bei dem Fest zu Ehren seines 60. Geburtstages im Dezember 1968 in Düsseldorf versprach Olivier Messiaen unter dem Eindruck des ersten Konzertes, dem er beiwohnte, ein neues Orgelwerk zu schreiben. Er hat dies Versprechen bereits in seinen Sommerferien 1969 eingelöst, erste Kunde von der Existenz des Werkes gab er jedoch erst 1971. Dies Werk ist der umfangreichste der bisher erschienenen Orgelzyklen (Gesamtdauer 75—80 Minuten), und auf die Frage, wie es möglich sei, ein so gewaltiges Werk in wenigen Monaten zu schreiben, antwortete der Komponist, der endgültigen Formulierung seien viele Jahre der Vorarbeit und Materialsammlung vorausgegangen. In weiteren Gesprächen wurde diese Bemerkung verschiedentlich ergänzt. Das Thema des Werkes, die Verherrlichung der Heiligen Trinität, steht für Messiaen seit seiner Berufung als Titularorganist an der Pariser Kirche Trinité zur musikalichen Verarbeitung an. Das Trinitatis-Fest der Kirche ist das unpopulärste, weil inhaltlich abstrakteste der hohen Feste der Christenheit, und vielleicht kam auch deshalb seine musikalische Kommentierung bei Messiaen an letzter Stelle. Einen Hinweis auf das große Werk gibt allerdings schon der letzte Satz des Osterzyklus „Les Corps Glorieux", der in der Überschrift den Titel des späteren Werkes vorwegnimmt: „Le Mystère de la Sainte Trinité". [2]) Dreißig Jahre später erfolgte dann die Komposition des Trinitäts-Zyklus.

Ein Teil seiner musikalischen Mittel mag schon in den Orgelimprovisationen angeklungen sein, mit denen Messiaen die Vorträge eines Theologen in seiner Kirche über die Trinität umgab. Das verabredete Zeichen für den Redner, um das Ende des Musikstückes zu erkennen, war der Goldammerruf, der im endgültigen Werk vier von neun Sätzen beschließt (Nr. 2, 5, 8 und 9). Dieses liebenswürdige und zarte Element ist nur eines von vielen, die das ganze Werk durchziehen und es so zu einer einzigartigen Einheit zusammenschmieden.

Zunächst fällt auf, daß die Sätze des Zyklus erstmalig keine Überschriften tragen, weder thematische, wie meistens sonst, oder formansagende, wie im „Livre d'Orgue". Ein belgischer Musikwissenschaftler hat versucht, aus Messiaens eigenen Erklärungen Überschriften abzuleiten, ist aber beim Komponisten nicht auf Gegenliebe gestoßen. Die Nummern sollen zunächst Messiaens Wunsch ausdrücken, daß sie nicht einzeln, sondern nur als Teil des Ganzen gespielt werden sollen (vielleicht mit Ausnahme der Nr. 6). Darüber hinaus offenbart sich beim ersten Hinsehen, daß die neun Sätze in zwei Gruppen zerfallen: die mit den geraden und die mit den ungeraden Nummern. Ganz umrißhaft kann man zunächst sagen, daß die ungeraden Nummern eine eher konstruktive, gedankliche Musik enthalten, während die geraden gesanglich, kreatürlich und eher eingängig wirken. Hier die strenge musikalische Einheit und formale Beziehung, Thema, Motiv und Intervall vorherrschend, unterstützt

[2]) Vgl. Seite 27.

durch Hindu-Rhythmik — dort ein ganzes Spektrum von Vogelgesängen, unverformte Zitate gregorianischer Melodien, teils einstimmig, teils in einfacher hymnischer Dreiklangsakkordik, teils in der vielfältigen komplizierten Brechung modaler Harmonik. Natürlich durchdringen und verbinden sich diese Gegensätze in den einzelnen Stücken, aber im Ganzen kann man doch von dieser Gliederung im Großen sprechen.

Das eigentlich Neue an diesem Zyklus ist die „langage communicable", die kommunizierbare Sprache. Auf den ersten Blick erscheint das Verfahren sensationell, musikalisch gesehen fast ein bißchen anstößig, auf den zweiten Blick hingegen nicht so sehr gravierend, weil ja unmittelbar von diesem Buchstaben-Puzzle nur drei von neun Sätzen betroffen sind (Nr. 1, 3 und 7). Wenn man näher hinsieht, erscheint diese Technik hingegen als entscheidend für das ganze Werk, denn sie bildet den eigentlichen Gegenpol zu den weit ausgebreiteten Gesängen der Vögel und der Gregorianik, und sie ist es vor allem, die dem ganzen Werk eine so unerhörte Einheitlichkeit gibt, die stärker als alle Vielfalt im einzelnen ist.

Das Verfahren, Buchstaben durch Töne auszudrücken, ist schon andeutungsweise von Bach (b-a-c-h) und Schumann (a-s-c-h) benutzt worden. In diesen Fällen war das möglich, weil die verwendeten Buchstaben im Deutschen auch Notennamen sind. Messiaen führt dies Verfahren zu Ende, indem er jedem Buchstaben einen Ton in einer bestimmten Oktavlage und von einer bestimmten Dauer zuordnet. [3]) Die so, Buchstabe um Buchstabe zusammengesetzten Texte ergeben also eine völlig willkürliche melodische Bildung. (Sicherlich sind, abgesehen von den übernommenen deutschen Ton-Buchstaben, auch geheime Prinzipien bei der Zuordnung am Werke gewesen: es fällt z. B. auf, daß die

[3]) Über das Verfahren im einzelnen s. Plattenhülle Schwann ams-Studio 702/3.

am häufigsten gebrauchten Buchstaben e, n, r, s alle nur um einen halben Ton voneinander entfernt liegen.)

Diese Willkürlichkeit ist Messiaen auch bei der Podiumsdiskussion anläßlich des zweiten Düsseldorfer Messiaen-Festes 1972 vorgeworfen worden. Seine Antwort darauf ist mitteilenswert: dies Verfahren hätte einen doppelten Sinn, nämlich einen bekenntnishaften und einen musikalischen. Zum Bekenntnishaften: ... „Eines Tages werde ich tot sein. Vielleicht wird man sich irgendwann in Zukunft nicht mehr an die Überschrift meines Werkes erinnern, und die einzelnen Teile tragen ja keine Titel. Aber in der Musik, in den Noten lege ich meine Überzeugung dar. Im dritten Satz ist der zentrale Gedanke des Werkes enthalten, nämlich: In Gott gibt es keinen Unterschied zwischen der Relation und der Essenz. Wir Menschen sind gut oder böse, dumm oder klug, wir können besser oder schlechter werden. Nicht so Gott: es wird ihm weder etwas hinzugegeben noch ihm etwas genommen. Wir Menschen leben in Beziehungen (Relationen) miteinander und zueinander. Gott ist in sich und alle Personen sind in ihm, und in ihm ist Relation gleich Essenz. Und wer Ewigkeit sagt und Allgegenwärtigkeit, nennt den Namen Gottes ... ich bin wie die ersten Christen, die eine geheime Schriftsprache erfunden hatten, die man ... von allen Seiten in alle Richtungen lesen konnte und die stets ein Kreuz ergab mit Alpha und Omega, und die diese Kryptogramme an die Gewölbe schrieben, um sich einander zu erkennen zu geben und um sich vor ihren Verfolgern zu schützen ..." [4] Zum Musikalischen: ... „ich entnehme Ihrer Kritik, daß Sie mir vorwerfen, daß ich mittels dieser Sprachenstruktur nichts Originelles geschaffen habe, sondern mich vorfindlicher überkommener Mittel bedient habe. Nun, alles, was wir sagen, unser Alphabeth, unsere

[4] Gesprächsprotokoll vom 8. 12. 1968, unveröffentlicht.

ganze Sprache ist aus Konvention entstanden. ... Jannis Xenakis z. B. hat sich der IBM-Rechner bedient und mittels eines Rechenprogramms, welches auch auf Konventionen beruht, eine musikalische Struktur gefunden, die ein Ergebnis von schrecklichen Zufällen ist. Aber er hat damit außerordentliche Themen gefunden, die er mittels Notenpapier niemals gefunden hätte, selbst wenn die Musik scheinbar häßlich klingt. Genauso hätte ich niemals die Ausdrucks- und Farbmittel gefunden, wenn ich nicht diese Sprachstruktur gefunden hätte, die mir diese Aussage erst möglich machte ..." [4])

In einem späteren Gespräch ist mir noch ein hintergründiger Aspekt aufgefallen, den Messiaen nur andeutete, aber der ihm sehr wichtig zu sein scheint: so wie etwa die ersten gezeichneten Symbole und die Feuersignale der Menschen der Frühzeit eine Art Sprache vor der Sprache sind, so ist Messiaen auf der Suche nach einer Sprache hinter der Sprache, die die Verschiedenheit und Mißverständlichkeiten der Sprachen hinter sich läßt zugunsten einer neuen, lapidaren, symbolischen Konvention. Es ist möglich, daß diese Idee weiterhin noch ganz anders entwickelt wird.

Nun ist bei den Méditations der Gebrauch der „langage communicable" nicht nur ein Buchstaben-Puzzle, sondern wesentlich geformt und musikalisch zusammengefaßt durch die Verwendung autonomer musikalischer Motive, wie sie z. B. für die Verben „Haben" und „Sein" stehen oder zur Angabe der grammatischen Fälle dienen (Beispiel 30).

Darüber hinaus gibt es Themen: das Hauptthema ist das Gottesthema, das seine Apotheose in der Toccata des fünften Satzes erfährt (Beispiel 31). Hinzu treten: das Thema für den Vater (Beispiel 32), als dessen modale Um-

---

[4]) Gesprächsprotokoll vom 11. 6. 1972, unveröffentlicht.

kehrung das Thema für den Sohn (Beispiel 33) und, interessanterweise, die Aneinanderreihung beider oder das Gottesthema allein das Thema für die dritte Person der Trinität (Beispiel 34).

Im fünften Satz haben verschiedene Eigenschaften Gottes ihr eigenes Thema, im siebenten hat auch das Verb „lieben" eins.

Den meisten dieser Motive und Themen eignet eine intervallische Verwandtschaft. Bei allen kann man als Vorzugsintervalle die große Sekunde, die große Sept, die kleine None und den Tritonus erkennen. (Messiaens weiteres Lieblingsintervall, die große Sext, tritt hier zurück.) Das Gottesthema holt am weitesten aus: Ton 4 bis 7 sind wie eine Art Umkehrung von Ton 1 bis 4, und dann wird in zwei großen Sprüngen der Raum nach unten geöffnet. Das Vater-Thema ist eher in sich ruhend und bleibt in der Schwebe (Ton 4 bis 7 wie eine Art Transposition von Ton 1 bis 3, mit hinzugefügter Sechzehntelnote [„valeur ajoutée"]). Die Formel für „Haben" und „Sein" — aus dem Vater-Thema abgeleitet — und für die Fälle bleiben im selben intervallmäßigen Rahmen. Auch kleine Neben-Themen, die eine eher transitorische Rolle spielen (z. B. „La Profondeur" aus dem 8. Satz) (Beispiel 35), zeigen dieselben Bauelemente.

Formal haben die meisten der neun Sätze gemeinsam, daß in ihnen das konventionelle Prinzip der Wiederholung größerer Teile angewandt wird, wenngleich die Wiederholung gegenüber dem Original leicht variiert ist. Nr. 2 und Nr. 6 bestehen nur aus der Großform A + A' (Messiaen nennt das ein Altarbild mit zwei Tafeln), in Nr. 5 und Nr. 8 besteht der erste Großteil aus dieser Wiederholung, Nr. 7 ist eine reine A-B-A-Form, Nr. 5 und Nr. 9 sind reine Durchführungsformen, und Nr. 4 eine Art Rondoform.

B Musikalische Beschreibung der einzelnen Sätze

Nr. 1

Das Werk beginnt im fortissimo der Orgel unisono mit dem gewaltigen Thema „Der Vater der Sterne". Inspiriert wurde Messiaen zu diesem Thema durch Zahlenangaben über die Umlaufzeiten der Planeten. Das Thema ist intervallmäßig weit ausgreifend und zeigt alle erwähnten Intervall-Charakteristica. Zwei Variationen schließen sich an. Die erste ist ein Bicinium, der „cantus firmus" wird von der linken Hand gespielt. Die rechte Hand spielt einen weit ausgezogenen Kontrapunkt dazu, der wörtliche Auszüge aus der später folgenden ersten Passage in der „langage communicable" anklingen läßt, hier jedoch in gleichmäßiger Sechzehntel-Bewegung, d. h. ohne Buchstabenbedeutung — ein Beweis dafür, daß die melodischen Bildungen der „langage communicable" für den Komponisten auch einen autonom musikalischen Wert, ohne zusätzliche inhaltliche Hintergedanken, darstellen. Die zweite Variation bringt den cantus firmus im Pedal, mit modalen Akkordbegleitungen im Manual. Diese durch zahlreiche Pausen unterbrochenen Sechzehntel-Schläge laslen den mächtigen cantus-firmus-Untergrund immer wieder alleine durchschimmern. Im nächsten Teil findet die erste Anwendung der „langage communicable" statt. Auffallend an diesen Buchstaben-Melodien sind die riesigen Sprünge, die stilistisch an das „Livre d'Orgue" erinnern, wobei es hier jedoch Oktavsprünge und Tonwiederholungen gibt. Der — in durchbrochenen Sechzehnteln — girlandenartige Kontrapunkt der linken Hand ist in Wirklichkeit eine bezaubernde Durchführung mit allen möglichen Tonkombinationen und -ausschnitten des lapidaren Eingangsthemas. Die kleine None gis-a (die beiden ersten Töne des Themas) ist für den Ablauf bestimmend.

Im nächsten Abschnitt („die Gestirne kreisen") spielen sich drei ostinati übereinander ab: im Pedal die ersten zehn Töne des Themas, in der linken Hand eine Folge von neun, in der rechten Hand eine Folge von acht Akkorden, was immer neue klangliche Zuordnungen ergibt. (Vgl. Nr. 4: „Le Verbe", aus der „Nativité".) Eine rauschende kleine Akkord-Passage leitet über zur Schluß-Apotheose des wichtigsten Textwortes, der göttlichen Eigenschaft „ungezeugt".

Bemerkungen zur Interpretation:
Das Tempo des Anfangs (ruhige Sechzehntel) wird sich nach dem Raum und seinem Nachhall richten. In einem halligen Raum auf jeden Fall die Pausen einhalten! Bei der ersten Variation hält Messiaen die langen Noten der linken Hand nicht ganz aus, um den Kontrapunkt nicht zu verdecken, ebenso verfährt er mit den langen Noten der Passage in der „langage communicable".

Nr. 2

Der besondere Reiz dieses Stückes liegt in der Verbindung von Hymnischem („Die Heiligkeit Gottes") und Kreatürlichem (Vogelgesänge). Man begegnet dem vom „Verset pour la Fête de la Dédicace" wohlbekanntem Hallelujah wieder, diesmal in originaler Kirchenton-Gestalt und rhythmisch kaum verändert. Das gregorianische Thema bleibt auf der Tonwiederholung — im diminuendo — stehen, erst in der Coda erfährt es seinen melodischen Abschluß.
Ein zweiter Teil, mit real siebenstimmigen Akkorden, ist das eigentliche Thema der Heiligkeit Gottes, unterbrochen vom hellen Piepen des Zaunkönigs. Dies Akkord-Thema erstrahlt immer wieder in reinen Dur-Akkorden, mit oder ohne hinzugefügte Töne. Besonders überraschend ist die

Halbcluster-Passage, in der sich die Töne ähnlich drängen und schieben wie in Ligetis Etüde „Harmonies", die sich beim erstenmal in einen Dominantsept-Akkord, beim zweitenmal in einen reinen A-Dur-Dreiklang auflöst.

Die Gesänge verschiedener Vögel schließen sich an, wobei vor allem der Gesang der Gartengrasmücke viel Platz einnimmt. Ihr antwortet der zarte Gesang der Mönchsgrasmücke im versteckten A-Dur.

Der formale Aufbau des Stückes — A (gregorianisches Thema), B (Akkordthema „Du bist allein heilig", vom Zaunkönig unterbrochen), C (Folge verschiedener Vögel: Amsel, Zeisig, Gartengrasmücke, Mönchsgrasmücke) — wird mit geringfügigen Veränderungen wiederholt: das gregorianische Thema bleibt, das Akkordthema benutzt andere Töne, die Vögel werden etwas ausführlicher. Eine Coda läßt, in zarten Klangfarben, das Hallelujah noch einmal anklingen. In den leeren Akkord e-h-e erklingt, fast wie ein Gruß aus einer anderen Welt, das entmaterialisierte Piepen der Goldammer mit den fremden Tönen b-c.

Bemerkungen zur Interpretation:
Die gregorianische unisono-Melodie soll einigermaßen zügig gespielt werden. Hingegen wünscht Messiaen für das Akkordthema ein extrem ruhiges Zeitmaß (sehr langsame Achtel!), fast mit Fermaten auf den ersten Akkorden. Die Vögel — bis auf die langen Sechzehntelpassagen, die nicht zu schnell und gleichmäßig gespielt werden sollen — werden nicht exakt nach der Notation, sondern sehr frei, mit Gespür für Vogelart, gespielt.

Nr. 3

Der dritte Satz wirkt in seiner Kürze und Härte der Diktion als wohltuender und interessanter Gegensatz zu den weit ausgebreiteten ersten Sätzen. Durch die für die Begleitstimmen gewählte kleinste Zeiteinheit der Zweiunddreißigstel wirkt die Oberstimme in „langage communicable" sehr lang, fast statisch in der allmählichen Tonfolge. Die wenigen Noten vollführen nichtsdestoweniger große Intervallsprünge. Das Gottesthema tritt in diesem Satz zum erstenmal auf, und zwar in beiden Richtungen, was sicherlich eine Art der Textinterpretation ist: „Da in Gott alles Gott ist, nichts, das nur zur Wesenheit hinzukäme, aber nicht diese selbst wäre, so ist in ihm Wesenheit und Relation ein und dasselbe Wirklich-Sein" (Beispiel 31). Gegenüber den langen Werten der „sprechenden Stimme" wirken die Begleitstimmen — zwei parallele in der linken Hand, eine im Pedal — sehr geschäftig. Zahllose „falsche" kleine Synkopen erweisen sich wieder als das Mittel, die Menge verschiedener Werte von Hindu-Rhythmen lesbar zu machen (indem man sie in ein Metrum notiert). Der Höreindruck ist ähnlich spröde und kompliziert wie bei der Nr. 5 aus dem „Livre d'Orgue" („Pièce en trio"), obwohl hier die Hindu-Rhythmen nicht jeweils verändert, sondern bei jedem Zitat gleich, gleichsam als rhythmisches ostinato auftreten: der Rhythmus „Rangapradîpaka" jeweils paarweise im Pedal, bei einem in etwa gleichmäßigen Auf und Ab der Intervallrichtungen, und eine Aneinanderreihung verschiedener Rhythmen in der linken Hand. Der erstgenannte Vorgang wiederholt sich fünfmal, der zweite sechsmal.

Bemerkungen zur Interpretation:
Da das Stück kurz und die Textaussage konzentriert ist und in Messiaens Intention eine Schlüsselstellung für das ganze Werk einnimmt, sollte man das Tempo langsam wählen (mäßig bewegte Sechzehntel). So kommen auch die vielen metrisch unregelmäßig auftretenden 32tel-Werte charaktervoll zur Geltung.

Nr. 4

Es gehört zu der psychologischen Ökonomie des Werkes, daß die logischerweise an den Anfang gehörende Gottesaussage „Ich bin" — in realistischer und demütiger Einschätzung des menschlichen Sagen-Könnens — nicht an den Anfang gestellt wurde. Messiaen sagt in seinem Vorwort zu diesem Stück sehr schön, daß die vorbereitende Meditation eines solchen Wortes dieses nur blitzhaft, momenthaft erfassen könne. [5]) Eine solche Aneinanderreihung von Momenten, von „climats" ist dieser 4. Satz, der vielleicht stimmungsvollste und irrationalste des ganzen Zyklus. Äußerlich mag das daran liegen, daß die einzelnen musikalischen Momente in der Tat sehr kurz und farbbetont sind und schnell aufeinander folgen. Der Satz beginnt sehr stimmungshaft: ein Blitz — ein dunkler, nicht ganz klarer Untergrund (ein Dominantsept-Akkord mit tiefalterierter Quinte und hinzugefügter Sexte, auf dem Tonika-Grundton E) — da hinein der Schrei einer Kreatur, eines Vogels. Es könnte einem das Wort vom „Ängstlichen Harren der Kreatur" dabei einfallen. [6])

Im ersten Teil lösen verschiedene Naturstimmen — definierbare und undefinierbare — sich ab, darunter besonders eindrucksvoll der stilisierte Eulenruf. Folge der Elemente: a-b-c-a-d-e-d'-a.

Der zweite Teil exponiert über die ganze Tonskala der Orgel ein großes Solo von Messiaens Lieblingsvogel, der Singdrossel. Diese lange Partie ist drei Manualen mit völlig verschiedenen Klangfarben zugewiesen. Wenn man dies Solo mit jenem aus dem „Verset pour la Fête de la Dédicace" vergleicht, so wirkt es hier fast unheimlicher, weil excentrischer. Sinnenhafte Assoziationen für den Spieler („comme des pizzi", „staccato goutte d'eau", „comme de la soie déchirée") erhöhen die Plastizität der musikalischen

---

[5]) Vgl. Plattenhülle von Schwann ams-Studio 702/3.
[6]) Vgl. Neues Testament, Römer 8, 18 f.

Vorstellung. Eine kleine Re-Exposition des ersten Teiles (a-d-b) mündet in eine erwartungsvolle Pause, in die dann in vielstimmigen Akkorden der jambische Rhythmus des „Je suis" im fortissimo der Orgel hereinbricht. Am Schluß der sich entfernende Eulenruf, der „so zum Ausdruck unserer erdrückenden Kleinheit angesichts des Aufstrahlens des Heiligen" wird. [5])

Bemerkungen zur Interpretation:
Die ersten 32tel des Blitzes will Messiaen nicht zu schnell haben. Der Akkord soll eine Art Fermate vor und nach dem Schrei des Schwarzspechtes bekommen. Die staccato-Noten bei den Singdrosselrufen sind kurz und trocken zu spielen. Bei den beiden Eulenrufen sollen alle 16tel gleichmäßig, ohne jedes ritardando, gespielt werden. Die „Je suis"-Akkorde auf der letzten Seite erfahren ein sehr starkes ritardando. Es empfiehlt sich, in großen Räumen mit Nachhall die Pausen sehr großzügig zu bemessen.

Nr. 5

Dies Stück ist das Herzstück des ganzen Zyklus, weil es nach dem Willen des Komponisten die umfassendste und vielseitigste geistige Aussage enthält (Betrachtung der verschiedenen Eigenschaften Gottes). Dies teilt sich auch einem uneingeweihten Hörer spontan mit, nicht nur wegen der herrlich brausenden Toccata, die ein echtes Gegenstück zu „Dieu parmi nous" darstellt (Nativité Nr. 9), sondern auch wegen der Komplexität und Gegensätzlichkeit ihrer Teile.

Trotz der Aneinanderreihung verschiedener Einzelthemen erweist sich das Gottesthema, gleich zu Anfang einstimmig exponiert, als der tragende musikalische Gedanke des Stückes. Es wird, ähnlich wie in „Le Combat de la Mort et de la Vie" (Corps Glorieux Nr. 4) einer klassischen

[5]) Vgl. Plattenhülle von Schwann ams-Studio 702/3.

Durchführungsprozedur unterworfen — Durchführung mittels Zerkleinerung des thematischen Materials, in Beethovenscher Art, wie es Messiaen in seinem theoretischen Werk „Technique de mon Langage musical" beschreibt. Ein kleines Beispiel dafür findet sich im Pedal bei den Trillerstellen, ein großartiges in der Toccata. (Durchführungstechnik in der Toccata: zweimal das Thema ganz, zweimal Ton 1 bis 4, dreimal Ton 2 bis 4, in immer größeren Intervallabständen, zweimal Ton 5 bis 7, einmal Ton 4 bis 7, dann sekundmäßige Ausweitung dieses Motivs nach oben und unten.) Die Durchführungsteile dieses Themas sind einige von den Stellen, wo das Gottesthema dem Heiligen Geist zugeteilt wird, tonmalerisch gerechtfertigt durch den stürmischen Charakter der Begleitung. In den schnellen unisono-Passagen ergibt sich das Thema des Geistes aus der Aneinanderreihung des Vater-Themas und seiner Umkehrung, des Sohnes-Themas. Unter den Themen der göttlichen Eigenschaften bestürzt fast die lapidare Schönheit und Einfachheit des Es-Dur bzw. Fis-Dur: „Dieu est immuable". Dies Dur wirkt nach den vorhergehenden scharf registrierten achtstimmigen Akkorden mit konzentrierter Resonanz besonders majestätisch und entrückt. (Diese Akkorde haben eine wechselnde Struktur und kombinieren alle möglichen entfernt liegenden Obertöne miteinander.)

Die Gliederung im großen:
A. Drei Themen göttlicher Eigenschaften („Gott ist ewig", „Gott ist unermeßlich", „Gott ist unwandelbar")
B. Das Wehen des Geistes (unisono-Ketten, kleine Durchführung des Gottesthemas, schneller Lauf)
A'.
B'.
Überleitung: Zwei winzige Themen, die Gottes Vaterschaft ausdrücken sollen.

C. Toccata. Die erregte Bewegung der Hände lebt größtenteils von dem Akkord, den Messiaen in der „Technique de mon Langage musical" als doppelten Vorhalt zu dem für den zweiten Modus typischen „Akkord auf der Dominante", der alle Töne der Dur-Tonleiter enthält, bezeichnet (Beispiel 36). Der „Kathedralenfenstereffekt" — die Umkehrung desselben Akkords von verschiedenen Tönen aus, und zwar so, daß der unterste Ton immer derselbe bleibt [7]), verbindet sich mit den unregelmäßigen Betonungsfolgen zu einem unwiderstehlichen, ja frenetischen Ablauf.

Überleitung: Das zweite Thema von A, die Themen der Vaterschaft Gottes.

D. Lange, melodisch und harmonisch weit ausgezogene Schlußphrase. Sie ist der zweiten Person der Trinität gewidmet, Gottes den Menschen zugewandter Liebe. In ihrem entrückten Frieden lösen sich unmerklich komplizierte Resonanzakkorde, modale Harmonien und einfache Dur-Dreiklänge zu einer neuen Einheit auf. Das zweite Mal im gesamten Werk beschließt der Goldammerruf ein Stück, diesmal mit dem friedlichen 8'-Register, und steigert fast noch den Eindruck der Entrücktheit — wie ein zarter Anklang an die Zeile aus den „Trois Petites Liturgies": „Vous êtes l'unique oiseau de l'éternité..."

Bemerkungen zur Interpretation:
Der Anfang muß überaus kraftvoll, „furchterregend" klingen. Hat man kein ausreichendes Manualregister, so spiele man ihn mit der 16'-Posaune des Pedals. Das Thema „Gott ist unbeweglich" muß unendlich langsam gespielt werden, hingegen „Le souffle de l'esprit" recht schnell, ebenso die Passagen danach, die aber am Schluß tempomäßig abgefangen werden sollen. Bei der Einleitung zur

[7]) Vgl. Nativité Nr. 4, „Le Verbe", Anfang.

Toccata langsam und breit anfangen (Artikulation beachten!). Dann ein steiles accelerando, das unmittelbar in die Toccata mündet.

Das abschließende Liebesthema kann gar nicht langsam genug gespielt werden. Das Tempo ist wahrscheinlich dann richtig, wenn der Spieler das Gefühl hat, in eine völlig neue Zeitdimension einzutauchen.

Nr. 6

Dies Stück ist vielleicht das glänzendste im ganzen Zyklus, es hat ja auch das Licht der Erscheinung Gottes im Fleisch zum Thema. In seiner formalen Gesamtanlage erinnert es an den zweiten Satz: Zwei Tafeln eines Altarbildes. Drei gregorianische Themen wechseln sich mit modalen Akkordfolgen ab: das Offertorium, das Graduale und das Hallelujah von Epiphanias. Auffallend ist, daß das ganze Stück sich mehr oder weniger in C-Dur bewegt, die gregorianischen Partien im lydischen Modus, die modalen immer wieder auf dem Sext-Akkord landend. Besonders charakteristisch für das ganze Werk ist die Partie über das Hallelujah des Epiphaniasfestes: in wenigen Takten wird quasi die gesamte Entwicklung der abendländischen Harmonik nachvollzogen: über leere organum-Quinten, Dreiklänge, Sept- und Nonakkorde bis hin zur komplizierten fast atonal wirkenden Schichtung modaler Akkorde — ein konzentrierter harmonischer Ablauf auf engstem Raum, der in eine Apotheose des Dur mündet.

Bemerkungen zur Interpretation:
Die Tempobezeichnungen Messiaens, vor allem für die einstimmigen Partien, kann man nicht genau genug wiedergeben (wenn es einem zunächst übertrieben vorkommt, wird es richtig). Besonders bei diesem Stück empfiehlt es sich, die Pausen mit dem Raum abzustimmen.

Nr. 7

Der Mittelteil dieses Stückes verbindet eigenartig die Stimme einer Kreatur mit einer gewichtigen Aussage in „langage communicable". Das Pedal unterstreicht den ernsten Charakter durch Aneinanderreihung paarweise auftretender diminuierender Zeitdauern. Der musikalisch umgesetzte Text des Thomas von Aquin spricht von der Liebe der göttlichen Personen untereinander und uns Menschen gegenüber — eine ebenso ernste wie erfreuliche Thematik, die in diesem Stück ihre genaue musikalische Entsprechung findet. („Der Vater und der Sohn lieben durch den Heiligen Geist [die Liebe, die hervorgeht] sich und uns".) Die heiteren, girlandenartig herabschwebenden Vogelrufe des marokkanischen Bulbul (fast an chopinartige Klavier-Arabesken erinnernd) wirken in ihrer weitgespannten Intervallik wie eine hurtige Vorwegnahme der Mittelstimme, die alle erwähnten Intervall-Charakteristica der „langage communicable", zuzüglich eines weit ausgreifenden Themas für das Verb „lieben", besitzt. Die Pedalstimme hingegen wirkt, bei der häufigen Verwendung kleiner und großer Septimen und Nonen, wie eine stilisierte und unendlich vergrößerte Version der Vogelrufe.

Die umgebenden, einander genau entsprechenden Rahmenteile verbreiten eine Atmosphäre des Geheimnisvollen, Unzugänglichen. Die terzhaltige pianissimo-Färbung der vielstimmigen, durch die Zeitdauer unterschiedenen Akkorde (die natürlichen und synthetischen Obertöne ergeben, zumal bei dem langsamen Zeitmaß, ein ganz seltsames Klangbild), die Verbindung von silberner Schärfe und Hohlheit im Klang der exotischen Rufe des unbekannten Ruinen-Vogels aus Persepolis, zum Schluß der romantische Effekt der „sich entfernenden Hörner" — eine Vielzahl musikalischer Gestalten, die Kunde gibt von ihres Erfinders Vorliebe für das Geheimnisvolle, Wunderbare.

Bemerkungen zur Interpretation:
Der „Oiseau de Persepolis" ist ziemlich frei zu spielen, aber so, daß die Ton-Wiederholungen nicht überstürzt, sondern klar herauskommen. Bei dem „Hörner-Effekt" soll das 32tel nicht zu schnell gespielt werden. Der Mittelteil geht einigermaßen zügig (schnelle 16tel zählen!), aber nicht starr im Zeitmaß: die Vogelgirlanden gehen recht virtuos, sind aber am Schluß immer abzufangen. Der Portato-Strich über einzelnen Noten bedeutet in der Regel eine minimale Dehnung.

Nr. 8

„Vous êtes si compliqué, vous êtes si simple — vous êtes infiment simple..." — diese Zeile aus den „Trois Petites Liturgies" kann einem beim Anhören dieses Stückes in den Sinn kommen. Es bedarf innerlich vielleicht sogar eines Entschlusses, sich den einstimmigen mixolydischen Partien des Allerheiligen-Hallelujahs oder gar den lichtvollen Dur-Harmonien, die alle Spannungen hinter sich gelassen zu haben scheinen, zu öffnen. Und doch bringt das Stück über Gottes Einfachheit, gleichsam im Vorübergehen, eine Menge gedanklicher und musikalischer Elemente zusammen, die sehr kurz aufeinander folgen: eine zwölftönige dreigliedrige Akkordgruppe, Tonsymbolik für die Einheit der Trinität, eine Aneinanderreihung der Themen für die Personen der Trinität, einstimmig — und als Antwort darauf eine winzige Meditation des Textes: „O welch eine Tiefe des Reichtums, beides, der Weisheit und der Erkenntnis Gottes!" [8]) Diese sehr tief klingende

---

[8]) Neues Testament, Römer 11, 33.

einstimmige Passage bedient sich der am häufigsten in der „langage communicable" vorkommenden Intervalle. Ihr antwortet die langsam aufeinander zuströmende Akkord-Kaskade, bei deren Komposition Messiaen an Stalaktiten gedacht hat. Etwas rätselhaft schließt dann eine kurze Akkord-Passage im diminuendo an. Dieser ganze Formteil, mit dem gregorianischen Allerheiligen-Hallelujah vorneweg, wird ein wenig ausführlicher wiederholt (vgl. Nr. 2 und Nr. 6). Er wirkt wie eine Ansammlung gedanklicher Mosaiksteine zu dem unerschöpflichen Thema des Zyklus. Diese Gedankensplitter münden in die große, diesmal harmonisierte und zu Ende geführte Phrase des Hallelujahs — alle komplexe Betrachtung mündet in einem Sich-Bergen in der Barmherzigkeit Christi („Kommet her, alle, die ihr mühselig und beladen seid ...". [9]) Die im Verlauf der einzelnen Phrasenabschnitte sich immer wieder zur Tonalität vereinfachenden Harmonien bewegen sich im Teil „Très lent" auf dem Orgelpunkt g (melodische Fortspinnung des Hallelujahs) nur noch unmerklich. Die Zeit scheint stille zu stehen.

Aus dieser Ruhe entwickelt sich dann der langsam und unaufhaltsam ansteigende Pilgerzug der Harmonien, in immer größeren Bögen bis hin zur höchsten Höhe der Orgelklaviatur führend — Sehnsucht und visionäre Erfüllung in eins („O hätte ich Flügel wie Tauben, daß ich flöge und wo bliebe!"). [10]) In den C-Dur-Zielakkord klingen die Töne des-es der Goldammer.

Bemerkungen zur Interpretation:
Dieses und das fünfte Stück sind dem Komponisten besonders wichtig, und zwar in Hinblick auf das Tempo. Die eröffnende einstimmige Partie spiele man eher „modéré"

---

[9]) Neues Testament, Matthäus 11, 28 f, zitiert in „Méditations...", S. 72 f.
[10]) Altes Testament, Psalm 55, 7.

als „un peu vif". Die Akkord-Passagen sind so langsam zu spielen, daß eine vollkommene Bindung vom einem Akkordton zum andern mühelos möglich ist. Die Passage „très lent" ist geradezu unbeschreiblich langsam zu spielen, mit einer Art Fermate auf dem ersten Ton und den beiden Spitzentönen d". Bei der letzten Passage „modéré" sind die Tempovorschriften so intensiv zu beachten, daß auf Seite 75 die sieben letzten Achtel vor der ganzen Note eine immer größere Fermate erhalten.

Nr. 9

Es gehört zu der klanglichen Ökonomie des ganzen Werkes, daß der letzte Satz im wesentlichen laut und schnell ist und das virtuose Element noch einmal voll zur Geltung bringt. Zudem treten keine neuen Gedanken mehr auf, sondern das vorhandene Material wird teils aneinandergereiht, teils noch einmal regelrecht durchgeführt. Der Satz „Ich bin, der ich bin" [11] steht hier nicht, wie beim vierten Stück, am Ende, sondern am Anfang, als Untertitel zu dem Thema Gottes, das zum erstenmal im dritten Satz auftauchte und im fünften seine erste Durchführung erfuhr. Hier bildet es mit dem Vaterthema und dessen Umkehrung, dem Sohn-Thema, das Material für einen weit ausgreifenden Durchführungsprozeß. Im folgenden soll der formale Ablauf in einer schematisierten Darstellungsweise wiedergegeben werden, wobei folgende Abkürzungen benutzt werden:

G = Gottesthema
V = Vaterthema
S = Sohnesthema

A. 1. G unisono, Wiederholung der beiden letzten Töne, darüber zwei Akkorde mit konzentrierter Reso-

---

[11] Altes Testament, 2. Mose 3, 14.

nanz (vgl. Anfang von Nr. 5).

2. Vogelgesänge: Gartengrasmücke, Mönchsgrasmücke, Gartengrasmücke.

3. Überleitung in aufsteigenden Akkorden, im crescendo.

B. 1. Wie A. 1.

2. Einstimmige stürmische Passage (ähnlich wie am Schluß der Pfingstmesse, Wehen des Geistes) — absteigende Akkorde mit konzentrierter Resonanz.

3. Durchführung von G im Pedal: Ton 5 bis 7, 5 bis 9, in den Händen gegenläufige 16tel-Bewegung, vom gleichen Intervallmaterial ausgehend. Auf dem Orgelpunkt E schnelle zweistimmige Passage, deren Oberstimme V ist.

4. Wie 2., nur ausführlicher.

5. Wie 3., nur ausführlicher: Kombination von V und S, Fortspinnung.

C. 1. V und S zweimal (auf Récit und Positiv), unisono.

2. Im Pedal: S, im Manual zweistimmige 16tel-Folgen, ähnlich wie bei B. 3., mündend in unisono-Bewegung: Material von G. Währenddessen im Pedal Teile von G: Ton 5 bis 7, 5 bis 8, mit Fortspinnung.

3. Im Manual schnelle einstimmige Akkordpassage, mündend in den Tritonus (G, Ton 8 + 9), vom Pedal aufgegriffen und von zwei Akkorden mit konzentrierter Resonanz im Manual abschließend bestätigt.

D. 1. V und S unisono, auf dem Récit, dann im Pedal G, Ton 1 bis 4, im Manual vier Akkorde, deren Spitzentöne ebenfalls G, Ton 1 bis 4, sind.

2. V und S unisono, auf dem Positiv, dann im Pedal G, Ton 1 bis 3 und 1 bis 4, im Manual 8 Akkorde mit konzentrierter Resonanz, deren Spitzentöne Varianten von G, Ton 1 bis 4, sind.

3. V und S unisono, auf dem Hauptwerk, Fortspinnung von S. Dann im Pedal G, Ton 1 bis 7 und 5 bis 7, begleitet von Manual-Akkorden mit konzentrierter Resonanz.

E. = C' (ausführlicher). Dieser Teil mündet nicht in den Tritonus, sondern erfährt noch eine Erweiterung durch eine rauschende einstimmige Passage, sechs absteigende Akkorde und die letzte Zitierung von G, unter mehrfacher Wiederholung von Ton 8 und 9.

F. 1. Entspricht A. 3., aber mit umgekehrter Funktion: absteigend und im decrescendo.

2. Entspricht A. 2., aber ausführlicher. In das letzte verdeckte A-Dur der Mönchsgrasmücke tönt der letzte Ruf der Goldammer (des-es) mit der 4'-Flöte des Pedals.

Diese ganze komplizierte formale Anordnung rauscht gleichsam im Fluge vorbei, blitzartig werden die Gestaltungselemente des ganzen Zyklus noch einmal vorgestellt. Um so stärker ist die pianissimo-Schlußwirkung, die durch die letzten Vogelgesänge vorbereitet wird.

Bemerkungen zur Interpretation:
Messiaen wünscht die schnellen Partien des Satzes so schnell gespielt, wie man kann, aber immer noch kontrolliert, d. h. am Ende jeweils tempomäßig abgefangen. Die Nuancen von crescendo Nr. 9, 10, 11, 12 (die Angaben beziehen sich auf seine Orgel) sind relativ aufzufassen: man gibt die Veränderungen wieder, so gut man kann, ohne daß der allgemeine forte-Charakter darunter leidet. Selbst auf der Trinité-Orgel war er mit diesem Problem, im Gegensatz zu allen anderen sonst, nicht zu genau. Bei den letzten Rufen der Mönchsgrasmücke zeichne man die melodischen Bögen besonders liebevoll nach, so den Schluß vorbereitend.

Schlußbemerkung

Das ganze Werk — so eindrucksvoll die Einheitlichkeit seiner Baumaterialien ist — lebt von der vielfältigen, minutiös differenzierten und visionären Farbigkeit der einzelnen Teile. Nur damit wirkt es wie ein riesiges metaphysisches Bilderbuch, das es in der Tat ist.

Darum ist für eine sachgemäße Wiedergabe eine gewisse Größe von Orgel und Raum unabdingbar. Das heißt praktisch: die Orgel sollte mindestens 45 Register, ausreichende Zungenstimmen und ein 32'-Register im Pedal (notfalls auch ein synthetisches) besitzen, zumal aber ein vitales klangliches Volumen, das einen echten Gegensatz zu den vielen kammermusikalischen Partien des Werkes einsetzen kann. Man tut der Größe und Eigenart dieser Musik keinen Gefallen, wenn man sie um jeden Preis wiedergeben will. [12] Wenn die Raum-Akustik schlecht ist, muß man die Zeitmaße und Pausen etwas raffen. Ich spiele das Stück jedoch nur äußerstenfalls in akustisch trockenen Räumen, in Sälen.

Man sollte aus Respekt vor dem Komponisten und seiner musikalischen und geistigen Schau das Werk nicht zerreißen durch Wiedergabe einzelner Sätze. Ich glaube in der Tat, daß sich das Wesen dieses bisher letzten Orgelwerkes Messiaens, das sicher nicht das revolutionärste, aber das reichste ist, für Hörer und Spieler erst im Zusammenhang erschließt, im Auf und Ab der Gedanken, der Gestalten, der Dynamik und der Farbe.

Le Bourg Rameau, August 1974

---

[12] Vgl. dazu: Almut Rößler, Messiaen und die deutsche Orgel, in Festschrift zu Michael Schneiders 65. Geburtstag, Merseburger 1974.

Beispiel 1

Beispiel 2

Beispiel 3

Beispiel 4

Beispiel 5a

Beispiel 5b

Beispiel 6

Beispiel 7

Beispiel 8

Beispiel 9

Beispiel 10

Beispiel 11

Beispiel 12

Beispiel 13

Beispiel 14

Beispiel 15

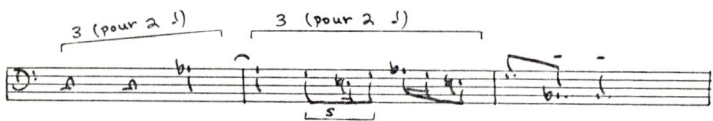

Beispiel 16

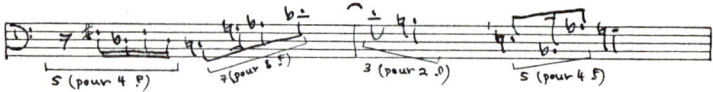

Beispiel 17

Beispiel 18

Beispiel 19

Beispiel 20

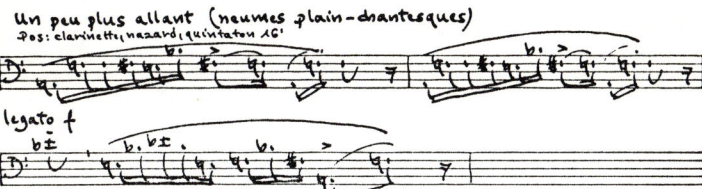

Beispiel 21

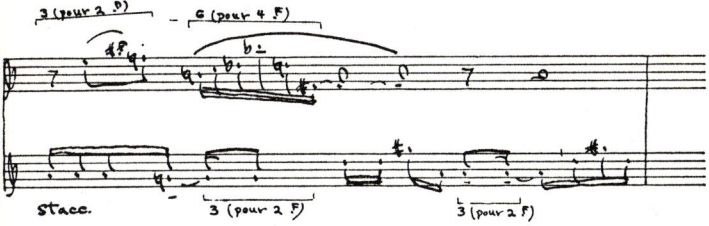

Beispiel 22

Beispiel 23

Beispiel 24

Beispiel 25

Beispiel 26

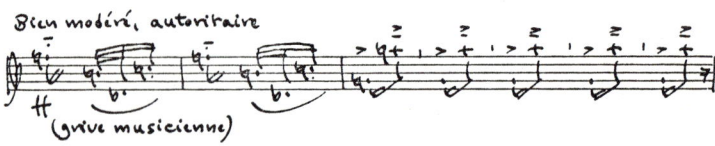

Beispiel 27

Beispiel 28

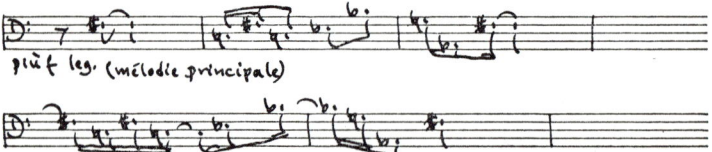

82

Beispiel 29

Beispiel 30

Beispiel 31

Beispiel 32

Beispiel 33

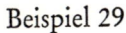

Beispiel 34

Beispiel 35

Beispiel 36

Bibliographie

Dibelius, U. Moderne Musik 1945—1966. München 1966

Dufourcq, N. La Musique d'orgue francaise. Paris 1949

Gavoty, B. Who are you, Olivier Messiaen? Tempo Nr. 58

Goléa, A. Musik unserer Zeit. München 1958

Goléa, A. Rencontres avec Olivier Messiaen. Paris 1960

Honolka, K. Das vielstimmige Jahrhundert.
    Stuttgart 1960

Messiaen, O. Technique de mon langage musical.
    Paris 1944 und 1966
    (Übersetzung ins Deutsche von Sieglinde Ahrens)

Messiaen, O. Conférence de Bruxelles. Paris 1960

Rößler, A. Olivier Messiaen und die deutsche Orgel, in:
    Festschrift zu Michael Schneiders 65. Geburtstag.
    Berlin 1974

Rostand, C. Olivier Messiaen. Paris 1957

Samuel, C. Entretiens avec Olivier Messiaen. Paris 1967

Stuckenschmidt, H. H. Schöpfer der Neuen Musik.
    Frankfurt 1958

Waumsley, St. The organ-music of Olivier Messiaen.
    Paris 1968

Zillig, W. Die Neue Musik. München 1963

Sieglinde Ahrens

Professor für Orgel an der Folkwang-Hochschule Essen, geb. 1936 in Berlin, studierte an der dortigen Musikhochschule bei Boris Blacher (Komposition) und ihrem Vater Joseph Ahrens (Orgel), ferner am Pariser Conservatoire bei Darius Milhaud und Olivier Messiaen, in dessen Klasse sie 1959 den „Premier Prix de philosophie de la musique" erhielt. Seit 1947 Konzerte und Rundfunkaufnahmen im In- und Ausland. Deutsche Erstaufführung der „Messe de la Pentecôte" in Berlin 1956.

Hans-Dieter Möller

Organist und Kantor in Duisburg, Hochschuldozent (Orgelspiel und Improvisation) an der Musikhochschule Rheinland, studierte an der Folkwang-Hochschule in Essen bei Ernst Kaller und Sieglinde Ahrens (Orgel), ferner bei Jean Langlais in Paris (Orgelimprovisation). 1965 Staatsexamen für Kirchenmusik.
Er gab zahlreiche Orgelkonzerte im In- und Ausland und spielte eine Reihe von Aufnahmen mit Orgelmusik verschiedenster Stilrichtungen und Improvisationen für den WDR.

Almut Rößler

Almut Rößler, geboren 1932 in Beveringen/Ostprignitz. Studium der Musik in Wuppertal, Detmold, Paris. Lehrer: Gerhard Schwarz, Michael Schneider, Hans Richter-Haaser, Kurt Thomas, Gaston Litaize. In Paris Begegnung mit Olivier Messiaen. 1954 Staatsexamen für Kirchenmusik. 1958 Organistin des protestantischen Pavillons in Brüssel.

1960 Förderpreis für junge Künstler des Landes Nord-rhein-Westfalen. Seit 1967 Kantorin der Johanneskirche Düsseldorf. Konzertreisen in verschiedene Länder Europas und nach Amerika. Hochschuldozentin an der Musikhochschule Rheinland für Orgel.

Auf dem Messiaen-Fest am 4.—8. Dezember 1968 in Düsseldorf spielte Almut Rößler in Gegenwart des Komponisten sein gesamtes Orgelwerk. 1972 Europäische Erstaufführung der „Méditations" in der Johanneskirche Düsseldorf. 1969—1972 Schallplatteneinspielung des gesamten Orgelwerkes von Olivier Messiaen. 1973 Deutscher Schallplattenpreis für die „Méditations sur le Mystère de la Sainte Trinité".

IN VORBEREITUNG

Hans Dieter Möller

LOUIS VIERNE — CHARLES TOURNEMIRE
Ende und Anfang

Arbeitstitel

Almut Rößler

DEUTSCHE UND FRANZÖSISCHE ORGEL-KOMPOSITION DES XX. JAHRHUNDERTS

Arbeitstitel

Almut Rößler

ALMUT RÖSSLER IM GESPRÄCH MIT OLIVIER MESSIAEN

Arbeitstitel

NEUERSCHEINUNGEN IM GILLES & FRANCKE VERLAG

SPRACHGEKREUZT —
UNGARISCHE LYRIK IM DEUTSCHEN SPRACHRAUM

Die Autoren: Agnes Mária Csiky, Gábor Kocsis, Imre Máté,
Dezsó Monoszlóy, Eva Saáry, Tibor Tollas

Einführung: Hans Bender
Fotoillustrationen: Eva Saáry

... Gedichte, die auch in der deutschen Übertragung eigentlich
ungarische Gedichte sind; in dem Sinn, daß sie ungarische Tradition weitertragen. Übersetzte Gedichte, die jedoch etwas ver-
mitteln vom Reichtum der ungarischen Sprache; vom Reichtum
ihrer Reime, Verben, Schattierungen, ihrer Formen, ihrer Farben. Ungarische Gedichte auch deshalb, weil Ungarn zuweilen
auch unmittelbar als Thema sichtbar wird. Doch bleiben solche
direkte Aussagen selten. Stärker ist die Tendenz zur Poesie,
zur Umsetzung, zur Metapher, zur Parabel auch.

Hans Bender
ISBN 3-921104-12-2

FELICITAS ESTERMANN — WORTBROT

Gedichte mit Graphiken von Valentin Orasch

Auch dieses ist sehr bewußte Wortkunst (Wortbrot — immer ist
es Sättigung). Aber die spröden Strophen bieten Sprache vor-
wiegend als Rohmaterial an, was die Kreativität des Lesers
fordert, seine Fähigkeit, Assoziationen herzustellen.

Gisela Grimme
ISBN 3-921104-04-1

STUART FRIEBERT — DER GAST, UND SEI ER NOCH SO SCHLECHT

Prosafetzen

Gewiß ist das literarischer Spaß, Verulkung, aber doch auch dieses behende Bescheidwissen, dieser Sinn für Verdrehung, für Verkorksung, den Friebert aufbringt und dann freilich von Seite zu Seite auf uns losläßt ... In diesen kleinen Etüden passierte unablässig nichts und Unerhörtes, und es wird in einem Deutsch zum Ausdruck gebracht, das das Anglo-Amerikanische dauernd durchscheinen läßt und diesen Prozeß gerade vorführt: Ein Deutsch, das es — mit anderen Worten — beinahe gibt, jedenfalls für den Augenblick der Friebert'schen Niederschrift.

Karl Krolow
ISBN 9-921104-10-6

ANJA HEGEMANN — ATEMZEIT

Gedichte

... Auch diese Gedichte gehen von motivisch vertrauten Ereignissen, von Urerlebnissen aus, — vom Ablauf der Tag- und Jahreszeiten, von Trauer und Fest, Kindheit, Familie, Liebe ... Diese Verse von sensibler Musikalität nehmen die simplen Dinge „beim Wort" und legen den Finger auf die schmale Stelle „wann / identisch mit Sprache / war Welt".

Gisela Grimme
ISBN 3-921104-05-X

GUIDO HILDEBRANDT — LANDSCHAFT UNTER GLAS

Gedichte mit Fotografien von Maren Heyne

... Die Gedichte des vorliegenden Bandes zeigen ihn als einen Mann, der vorsichtig, ja behutsam mit dem Wort umzugehen weiß. Er drängt sich den Dingen nicht auf, um sie sich gewaltsam zu eigen zu machen, sondern wartet gewissermaßen, daß die Dinge auf ihn zukommen. Was er von ihnen zu sagen weiß, wirkt zunächst spärlich. Was er mitteilt, ist nur sparsam überliefert, er rechnet mit der Bereitschaft des Lesers, mitzudenken.

Mannheimer Morgen
ISBN 3-921104-01-7

BERNDT MOSBLECH — DIE AUFZEICHNUNG EINES TAGES IM UNERSÄTTLICHEN LEBEN DES MORANDINUS MORANDIN

Prosa in lyrischen Segmenten mit einer Zeichnung von Martin Goppelsröder — Nachwort Jürgen P. Wallmann

Mosblechs Sprache ist — warum das heute verpönte Wort nicht gebrauchen? — von poetischer Schönheit, dabei klar, hell und einfach, ohne pseudopoetischen Flitter.

Die Tat, Zürich
ISBN 3-921104-13-0

Berndt Mosblech hat mit diesen „Aufzeichnungen" eine Erzählung in lyrischen Miniaturen, einen aphoristischen Roman vorgelegt.

So leicht einerseits das Konstruktionsprinzip dieser Texte zu durchschauen ist, so sicher ist andererseits die Wirkung. Mit sehr einfachen Mitteln, der Aneinanderreihung beinah alltäglicher und — werden sie aus ihrem Kontext isoliert — gelegentlich trivialer Sätze wird Poesie erzeugt und wie selbstverständlich mitgeteilt.

Hans Georg Bulla

PETER JÜRGEN RIECKHOFF — BEWOHNTE ZEIT

Gedichte mit Holzschnitten von Heinrich Groß

... In einer leicht geschliffenen Sprache, unaufdringlich, konkret, spiegeln sich, teils heiter, teils umwölkt, jedenfalls präzi nuanciert, in den „Marburger Kalenderblättern", Rieckhoff Eindrücke und Reminiszenzen so, daß man Ort, Zeit und Gelegenheit wiedererkennt, ohne dabei die Freiheit der eigenen Assoziationsmöglichkeiten zu verlieren.

Oberhessische Presse
ISBN 3-921104-16-5

DAISY RITTERSHAUS — GESTERN WAR HEUTE MORGEN

Gedichte mit Zeichnungen der Autorin

... Die bekannte, in Fontainebleau lebende Malerin, hat hier einen Lyrikband vorgelegt ... dessen bilderreiche, manchmal etwas gesucht poetisierenden Verse, Landschaft, Natur, den Wechsel der Jahreszeit einfangen. Ohne Zögern benennt diese Autorin was sie sieht. Sie deutet nicht, sie vertieft nicht, sie stellt nur dar.

HOM
ISBN 3-921104-11-4

MARGOT SCHARPENBERG — MIT SPRACH- UND FINGERSPITZEN

Gedichte mit Zeichnungen von Rolf Sackenheim

... Margot Scharpenbergs poetische Vision ist von starker Suggestivkraft auch für den, der es mit Lyrik schwer hat. Man begegnet auch in den neuen Gedichten keinem Klischee, kaum einem schon von anderen zeitgenössischen Autoren verwendeten Bild — oder Vergleich. Kennzeichnend ist die gebändigte Kraft des elementaren, aber hochsensiblen Welt reflektierenden Wortes.

Peter Jokostra
ISBN 3-9121104-02-5

MARGOT SCHARPENBERG — SPUREN

Vierundsechzig Gedichte mit Aufnahmen indianischer und polynesischer Felsbilder von Klaus F. Wellmann

... Diese Gedichte, die sich jedem Versuch der gefühligen Annäherung widersetzen, sind zeitgenössisch auf eine ganz eigene Art. Ohne lyrische Dokumentarberichte geben zu wollen, spiegeln sie die ganze Fülle einer Lebenszeit zwischen Erinnerung und Erwarten.

Mannheimer Morgen
ISBN 9-921104-09-2

MARGOT SCHARPENBERG — NEUE SPUREN

Vierundsechzig Gedichte mit Aufnahmen indianischer Felsbilder von Klaus F. Wellmann

... Dieser Band ist eine Fortsetzung des vorliegenden Bändchens „Spuren". Das vielseitige Interesse war Anlaß zu einer umfassenden Erweiterung. Erscheinungsdatum Mitte 1975.

ISBN 3-921104-15-7

Für ihr lyrisches Werk wurde Frau Scharpenberg mit dem Ida-Dehmel-Preis für Literatur ausgezeichnet.

Er wurde ihr für eine Lyrik verliehen, die sich auszeichnet durch Sprachphantasie und künstlerische Gewissenhaftigkeit. Unbeirrt ist Margot Scharpenberg außerhalb des bundesdeutschen Literaturbetriebs ihren Weg gegangen und hat ihre Möglichkeiten überzeugend entwickelt. Ohne Illusionen und mit Ironie hält sie an der Hoffnung auf das Menschliche fest.

GÜNTER THEOBALD — TREIBSAND

Gedichte mit Illustrationen des Verfassers

... Weniger Pessimismus als Melancholie, vielleicht noch am
ehesten eine gleichsam süße Empfindung von der Bitternis, hier
und nicht anders leben zu müssen, ist es, die Theobalds Lyrik
prägt. ... Die Gedichte Theobalds sind Reflexionen, Psycho-
gramme eines Einzelgängers, der kein Außenseiter sein will.

Uwe Anhäuser
ISBN 9-921104-08-4

LUDWIG VERBEEK — BRECHUNGEN

Gedichte

... Vielfach modifiziert dieser Lyriker die dringliche Auf-
forderung, den herkömmlichen Sageweisen mit Mißtrauen zu
begegnen. Er übernimmt keine vorgefertigten Bausteine in
seine Texte. Bedeutungsinhalte schafft er selbst durch Umsetzen
bekannter Wörter, die durch diese Veränderungen plötzlich
zu schillern beginnen, ein überraschendes neues Gesicht erhalten.

Mannheimer Morgen
ISBN 3-921104-03-3

LUDWIG VERBEEK — LUCIDE INTERVALLE

Gedichte mit Grafiken von Eckhard Hargesheimer

... Es geht ihm um die Freisetzung des Wortes vom Ding. Wo
er dem Wort nicht als Bestandteil eines Satzes einen bestimmten Aussagewert zuerkennt, sondern es loslöst, freies Leben
entwickeln läßt, sieht er es neu Inhalt gewinnen.

HOM
ISBN 3-921104-06-8

ELKE OERTGEN — VOGELSTUNDEN

Gedichte

Dies ist die erste Neuerscheinung einer begabten und vielver-
sprechenden jungen Lyrikerin.

ISBN 9-921104-20-3

ROSE AUSLÄNDER — 36 GERECHTE

Gedichte

Rose Ausländer wurde im November 1967 für diesen Lyrikband mit dem Droste-Preis der Stadt Meersburg ausgezeichnet.
Die in Deutschland lebende, in Czernowitz geborene Amerika-
nerin schreibt Lyrik in deutscher Sprache — ... Ihre Lyrik
weist eine Verfeinerung der Sprache auf, die eine selten zu
findende Beseelung des sprachlichen Ausdrucks manifestiert.

ISBN 3-921104-21-1

FRIEDRICH ROHDE — WENN DER WIND ES WILL

*HAIKU und andere Gedichte mit neun Linol-Schnitten von
Beate Knoblich*

Kennern der Weltliteratur ist das HAIKU bekannt. Es ist das
kleinste Gedicht, daß der Mensch erdacht hat. Das Detail gibt
ihm den eigentlichen Reiz, alles nicht unbedingt Notwendige
wird weggelassen.

Das HAIKU hält in knappster Form einen entscheidenden
Augenblick fest, eine Stimmung oder eine Situation, und es
weitet sich ins Grenzenlose aus.

Rohde versucht, in deutscher Sprache die Strenge und zucht-
volle Form des japanischen Gedichtes beizubehalten, aber auch
Situationen unserer Zeit hereinzuholen.

ISBN 3-921104-22-x

CARL MANDELARTZ

PURITANER — ZWEI PLÄDOYERS

Diese beiden, unter dem gemeinsamen Titel „Puritaner" zu-
sammengefaßten Erzählungen bezeugen die unverwechselbare
Sprache des Autors und seinen ebenso unverwechselbaren
Humor.

Zwei für ihr Handwerk „berufene und sogar auserwählte"
Männer, einen Fensterputzer und einen Schuster, stellt Mandelartz ihrer, das heißt, unserer Zeit entgegen. Alle Möglichkeiten
des Komischen, von der bittersten Satire über die bei aller Aus-
gelassenheit bedeutsame Groteske bis zum zärtlichsten Humor,
werden ausgeschöpft. Eine „plädoyerhafte" Schilderung der
entscheidenden Erlebnisse der beiden unwillkommenen „Refor-
matoren", die aus dem uralten und immer wieder neu wirk-
samen Vermächtnis leben und wirken, das auch Till Eulen-
spiegel und Don Quichotte glücklich und traurig machte. Neue
Variationen des tragikomischen Menschentyps, den Mandelartz
in vielen Figuren, als Erzähler und Dramatiker, dargestellt hat.

ISBN 3-921104-14-9